森本千賀子

HONKI SWITCH ON

本気になれば人生が変わる!

Nanaブックス

装丁・ブックデザイン――宮田裕子（STEREOTYPO）
ＤＴＰ――福原武志（エフ・クリエイト）
撮影（装丁）――Ｈｉｒｏ（www.hirok.jp）
撮影（プロフィール）――しだらまさひろ
編集協力――青木典子

はじめに

「日々懸命に働きながらも、心のどこかで『このままでいいのか』とモヤモヤしている。『なりたい自分』になることをあきらめてしまっている――そんな人々に力を与えられるような本を作りたいんです」

Ｎａｎａブックスの編集者の方々とお会いし、そんな想いに強く共感したことが、この本を書くきっかけとなりました。なぜ、私にこのようなコンセプトの出版企画のお声がかかったのか、まずは自己紹介をさせていただきます。

私が新卒で入社したのは、リクルート人材センター（現社名・リクルートキャリア）。正社員として人材を採用したい企業と転職を希望するビジネスパーソン、両者の希望にもとづき、転職支援サービスを提供する会社です。

私は法人向け営業職として新規の顧客開拓からスタートし、入社１年目から営業成績１位、全社MVPを受賞。以来20年間、トップの業績を挙げ続けることができました。その過程では、結婚・出産というターニングポイントともいうべきライフイベントを経験し、二人の子どもを育てながら「プレイングマネージャー」として、70名近くの部下のマネジメントも務めました。

2013年現在は、リクルートエグゼクティブエージェントに在籍し、『「意志」ある経営者の人材マーケットを創造し、日本を根底から元気にしていく』という経営理念のもと、経営幹部層に特化した採用支援および転職支援を行っています。

新人の頃には、朝7時に出社して新規アポ取りの電話営業。企業訪問の合い間にも、電話ボックスにこもって汗だくで電話をかけ続け、警察に職務質問を受けた、なんてこともあったほど、がむしゃらに走り続けてきました。1日のアポイント社数は平均すると4～5件、多い時は朝8時からスタートし、夜の21時くらいまで7～8件程度入っていたこともあります。分刻みでスケジュールを組むため、移動はいつも駆け足です。

産休からの復帰後も、子どもの面倒をみてくれる親族が近くにいない環境の中、時短勤務制度を活用しつつ、仕事に育児にアクセル全開でした。効率的に時間を使えるよう、会社に交渉して自宅で仕事ができる環境を整え、「朝3時起き」を習慣化しました。また、休日もじっとしていることはなく、子どものフットボールの試合の応援や行事のつき添い、ママ友や近隣の方々との交流も欠かしません。「1分1秒もムダにしたくない！」という思いで毎日を過ごしています。

こんな仕事・生活スタイルは息切れしそう、と感じる方もいらっしゃるかもしれません。けれど私は、こんな日々が楽しくて仕方がないのです。朝目覚めた瞬間から、「仕事をしたい！」「お客さまのところに早く行きたい！」とワクワクしています。

「なぜ、そこまでがんばれるの？」「なぜ、そんなに楽しそうに働けるの？」――周囲の方々からは、よくそんなふうに言われます。「挫折したことってあるの？」とも聞かれますが、もちろん、失敗したり落ち込むことはありますが、あっという間に立ち直るので、ずるずるとひきずることもありません。ネガティブな経験や記憶はすぐに忘れてしまうタイプです。

さて、「なぜ、そこまでがんばれるの？」「なぜ、そんなに楽しそうに働けるの？」という質問に対し、一言に集約してお答えするとしたら、「常に『本気』だから」です。

私の意識の中に根づいている、ある言葉があります。それは、新人時代、なかなか思い通りに実績が出せずに落ち込んでいる私に、大先輩の女性が送ってくれた詩のメッセージです。

『本気』　坂村真民（詩人）

本気になると
世界が変わってくる
自分が変わってくる
変わってこなかったら
まだまだ本気になっていない証拠だ
本気な恋
本気な仕事
ああ　人間一度　こいつをつかまんことには

仕事もプライベートも、「本気」で取り組んでこそ充実感を味わうことができ、どんどんおもしろく、楽しくなっていくもの。私はそう信じています。本気にならなければ、人生がもったいない！　と思うのです。

私はもともと、エネルギーを「自家発電」できるタイプです。

しかし、「本気モード」をずっと維持してこられているのは、やはり多くの人に出会い、その「本気」に触れ、刺激を受けてきたからだと思います。私の仕事は、企業に対する「人事戦略・採用コンサルタント」と、個人のビジネスパーソンに対する「転職エージェント」という二面を持っています。これまで出会った経営者は数千名を越え、また、それ以上の転職希望者と接点を持ち、転職支援に携わってきました。事業を立ち上げ、成長させようと努力している経営者の皆さん。そして、自分の経験を活かし、キャリアをさらに発展させようとするビジネスパーソンの皆さん。彼らの「本気」をたくさん見てきたのです。また、彼らの「本気スイッチ」がONになり、表情がイキイキと輝き出す瞬間にも立ち会ってきました。

一方で、「本気モード」がOFFの状態のまま、漠然と転職を考えるビジネスパーソンの方々にもお会いしてきました。これまで努力してキャリアを築いてきた方が、「未来」の展望が見えなくなり、意欲を失いつつある……あるいは、優れた能力や可能性を内に秘めている方が、それに気づくことなく、自分に自信を持てなくて行動を起こせずにいる……それはとてももったいなく、悲しいことです。

人は誰でも、大きな可能性を持っています。本来の能力をフルに発揮し、可能性を広げられるかどうかは、「本気」になれるかどうかにかかっているように思うのです。何らかのきっかけで、「本気スイッチ」をONにできれば、その瞬間から人生が大きく変わり、輝き出す可能性を秘めています。

そこで、本書では、本気スイッチをONにする「きっかけ」をご提供したいと思います。第1章から第3章では、自分自身の中にある「本気」を引き出すために、「意識・視点」「行動・習慣」「立場・環境」を変えるヒントをお伝えします。私自身の経験に加え、これまで出会ったビジネスパーソンの転職事例も添えています。

また、自分が「本気」で取り組もうとしても、同僚・部下など周囲のメンバーとの間に温度差があり、もどかしさを感じている方も少なくないのではないでしょうか。マネージャーとして、部下の「やる気」をいかに引き出すか悩んでいる方も多いかと思います。そこで、私が転職エージェントとして多くの経営幹部層の方から学んだマネジメントの視点や、私自身のマネジメント経験の中で、メンバーの「本気スイッチ」を入れることに成功したケースを整理し、第4章、第5章でご紹介します。メンバーたちの「本気」を、グループや組織にまで波及させるコツは、第6章に記しました。第7章では、顧客・取引先と「本気の信頼関係」を築くためにはどんな働きかけが有効か、をテーマにお話しします。

もちろん、ここでご紹介する方法は誰にでも適しているわけではありませんし、「すべて実践すべき」ということもありません。たとえ1つ2つでも、ご自身の「本気スイッチ」を動かすヒントの発見につながれば幸いです。

「本気スイッチ」がONになり、勇気を持って前に一歩踏み出す、そんなきっかけになれば何よりうれしく思います。本気になれば自分でも驚くようなパワーが出てきます。実際にこれまで、人の潜在力が開花する瞬間に何度も出会うことがありました。誰もが持っているはずの「本気スイッチ」をぜひ一緒に探し出してみませんか?

本書を手に取っていただいた皆さんに、私の心からのメッセージを送ります。

「大丈夫です。本気スイッチは必ず見つかりますよ」

すばらしい未来の一歩になりますように祈っています。

目次

第3章 自分の中の「本気スイッチ」をONにするために ～立場・環境を変えてみよう～

HONKI
SWITCH
ON

自分の中の「本気スイッチ」を
ONにするために

第１章

O

意識・視点を変えてみよう

今の仕事の中で、「おもしろいと感じる部分」に焦点を当ててみる

ビジネスパーソンは、経験を積むほどに、任される業務や求められる役割が増えていくものです。そのため、それらを「こなす」ことに精一杯で、仕事を楽しむ余裕、つまり「ワクワク感」がなくなっていくこともあります。そして、「ワクワク感」の欠乏が強くなると、現状を飛び出して、新しいステージを探すために転職活動に踏み切るという方もいらっしゃいます。

私が転職のご相談をお受けしたMさんも、仕事に物足りなさを感じていたお一人。金融業界に勤務し、関係先企業の経営支援を手がけてこられましたが、事業の「当事者」として責任を負うことのない立場であることに物足りなさを感じ、事業会社への転職を望むようになったのです。

「将来、ユニクロや楽天のように成長する可能性がある会社はないでしょうか？」

初めての面談時、Mさんはそんな漠然とした要望を告げました。

業種を問わず、成長中のベンチャー企業が「ＣＦＯ（= Chief Financial Officer。最高財務責任者）」を求める求人案件は多く、Mさんの経験を活かせる選択肢は複数ありました。しかし、成長力のある企業でさえあれば、彼が満足するかというと、私には何か物足りないようなものがあるように感じていました。そこで、Mさんが事業会社の経営支援を行う際、具体的にどんなアドバイスや働きかけをしてきたのかを細かくお聞きしてみたのです。Mさんは、たくさんの例を挙げてくださいました。そして、そのエピソードを語る途中、彼は意識していなかったと思いますが、表情がより真剣になり、言葉に力のこもった場面がありました。

「人材採用については、特に重要なことだと思い相談に乗ってきましたね。採用手法を調べたり、選考の際に面談に立ち会ったり……。人材の確保って本当に難しいですよね。優秀な人材というのはどうすれば採用できるんでしょう？」

「企業規模が大きくなればなるほど、経営陣の想いを現場の従業員まで伝えるのは難しいですね。従業員のモチベーションを高め、組織力としてつなげていくにはどうすればいいかなども、とても重要なこととして考えていました」

経営資源の三要素といえば「ヒト・モノ・カネ」ですが、Mさんの興味は、特に「ヒト」に対して向けられていたのです。

そこで、私からご提案したのが、アウトソーシング業界の新興企業です。売上を順調に伸ばしており、M&A（企業の合併・買収）も含め、各種専門領域のソリューションのラインナップを充実させていく過程にありました。

ちょうど「CFOを採用したい」という依頼を受けており、Mさんにご紹介したところ、すぐに興味を示されました。そこで面接をされたところ、「ソリューションの現場を見たい」という希望に加え、社長や社風にも魅力を感じられたようで、その会社に転職を果たされたのです。「アウトソーシング」はこれまで考えてもみなかったMさんですが、自分の好奇心を強く刺激する世界だと気づかれたようです。

ここでは転職事例を挙げましたが、転職をしないにしても、自分の今の仕事全般を見つめ直すことで「ワクワク感」を持つことはできます。多くの業務の中でも、自然に気合いが入る部分、楽しさ・おもしろさ・やりがいと感じている部分が、何かしらあるはずです。その部分を、より強く意識してみてはいかがでしょうか。

社内でその部分に専門特化した「スペシャリスト」を目指す道もあると思います。自己申告制度などでの職種転換や異動のチャンスがあれば、チャレンジしてみる価値はあるのではないでしょうか。

例えば私の場合は、リクルート人材センター（現在のリクルートキャリア）に入社し、法人営業担当として活動を開始した頃、「流通業界」に強い興味を持ちました。そこで、流通企業を中心に次々とアタック。何しろ「興味がある」領域ですから、1日に数百本ものアポ取りのための電話営業をかけることも、企業について調べることも、苦になりませんでした。「興味がある」からこそ、訪問先でお客さまのお話を真剣に聞くことができました。その熱意が伝わったのか、順調に受注獲得につながり、社内で「流通といえば森本」としてブランド認知されるようになりました。そうして「自分ブランド」を築けたことが自信となり、仕事をよりいっそう楽しめるようになったのは事実です。

● POINT

「おもしろい」と感じられる部分を、より深く極めることを目指してみてください。自然と自分の目標が見えてくるものです。

過去を振り返れば、「本気スイッチ」がＯＮだった頃の自分が見つかる

「自分が何をやりたいのかわからないんです」

リクルートキャリアへ転職の相談に来られる皆さんの中には、こう打ち明ける方が少なくありません。

こうした声は、若手ビジネスパーソンだけでなく、ある程度社会経験を積んだ方々からも聞こえてきます。一つの業界で長く働いてきて、「本当にやりたいことはこれなんだろうか」という疑問を抱くケースもあれば、仕事上でさまざまな業種と接してきたがために、転職先候補を絞れないケースも見られます。

人材サービス業界で営業部長を務めていたＦさんは次のステージを探して転職相談に来られ

た時点で、次の仕事を探すための「キーワード」が全く白紙の状態でした。これまで人材サービスを提供してきた顧客の業種は多種多様。各業界の魅力的な点も厳しい点もわかっているだけに、候補先を絞れなかったのです。「僕には、どんな業界が合っているんだろう?」という疑問の答えを探しに、相談に来られました。

そこで、Fさんの価値観を探るため、子どもの頃や学生時代までさかのぼって、印象に残っているエピソードをお聞きしてみました。すると、Fさんがイキイキとした表情で、口調が弾む場面に出会ったのです。

「高校の体育祭はよく覚えてますねぇ。応援合戦とかあるじゃないですか。クラスごとに団旗を手作りしたり、振り付けやフォーメーションを考えたり、テーマソングを選んだり。あれは燃えましたねー。楽しかったなー」

「どういうところが楽しかったんですか?」

「何だろう……。一つの目標に向かってみんなが団結する、一体感かな。美術部のやつが旗のデザインを引き受けたり、ダンス習ってる子が振り付けしたりね。それぞれが個性や得意なことを活かして、一つのものを作り上げていく、その過程が楽しかったですね」
「Fさんはどういう役割だったんでしょうか？」
「僕は一応リーダー、っていうか、単なるムードメーカー(笑)。さして特技もないから、先頭に立って大声出して、盛り上げ役に徹してましたね」

こうしたエピソードをいろいろと聞くうちに、Fさんは「自分一人で行動して成果を挙げるよりも、仲間たちと一丸となって目標を目指し、達成することにやりがいを感じている」ということがわかってきました。

そこで、私からご提案したのが、ウェディング業界の会社です。結婚式を挙げるカップルのこだわりや夢をいかにして叶《かな》えるか、結婚式や披露宴をいかに感動的に演出するかという目標に向け、多くのスタッフが力を合わせて働く職場。その、統括部長のポジションをおすすめしました。

Fさんは「考えてもみなかった」と驚かれましたが、この業界ならではのチームワークのプロセスに魅力を感じられたようです。

「また、あの頃に似た感覚が味わえるのかな」

そんな期待を胸に面談を重ねた結果、「自分の志向に合っている」と確信し、Fさんは転職を果たされました。

自分はどんな状況で「楽しい」と感じるのか。これまで、「楽しい」と感じた場面を思い出すまで、過去をさかのぼってみてください。

そして、「なぜそれが楽しかったのか」「なぜあんなにも夢中になれたのか」、突き詰めて考えていくと、自分にとって本当に大切なもの、「モチベーションの源」が見えてきます。それを「軸」とした働き方を意識してみてください。

Fさんの場合は、転職によって「ワクワクできる仕事」を手に入れましたが、今の仕事や職場においても、やり方・進め方などを変えることで、「自分軸」の働き方に近づけることができるはずです。

● POINT

「自分はどんなときにモチベーションが上がるのか」を自覚することが大切。
そのシーンを意識的に再現すれば、「本気スイッチ」が入りやすくなります。

目の前の仕事は「会社のため」ではなく、「自分の価値を高めるため」のもの

私は、企業に人材をご紹介する立場であることから、転職希望者と企業の面談に立ち会うこともよくあります。面談の本番であれ、その準備段階であれ、「自己PRをしてください」と言うと、意外と上手にできない方が多いと感じます。

「自己PRがうまくない」とはどういう状態か。それは、これまでやってきた仕事内容や成果をただ並べ立てるだけで、どの部分がその人の強みである「ノウハウ」「ナレッジ（知識）」であるのかがわからないことです。経験を伝えることはできても、「そこから得たもの」が伝わらないのです。こういう場合、自分自身の「〝人財〟としての価値」を客観視できていないことが多いようです。

転職希望者の方々とお話ししていると、「それってすごい！」と思えるような経験やノウハ

ウも、本人は「当たり前のもの」という認識で、その価値に気づいていないケースもあります。ご本人が意識していない強みが、他の業界や企業で高く評価され、求められることもよくあります。

金融業界で20年近くスペシャリストとしてキャリアアップされてこられたOさん。リーマンショック後、なかなかご自身の希望する転職先が見い出せないとのことで、ある友人を通じてお会いすることになりました。

ご経験をお聞きしていくと、専門用語を並べて説明してくださったのですが、「すごいキャリアのように思うけれど、金融業界の人しか理解できないのでは」と感じました。Oさんは、この機会に異業界への転身を考えるようにもなったとのこと。それならなおさら、金融業界だけで通じるキャリアだけでなく、どの業界・どの企業にも通じる普遍的な経験やスキル、いわゆる「ノウハウ」「ナレッジ」を意識することが重要となります。それをお伝えし、一緒にひとつずつ仕事の中身や本質をひも解いていくと、徐々に「普遍的な強み」が鮮明に見えてきました。

そうした「キャリアの棚卸し」のおかげもあり、私からご提案した「消費財メーカーの経営企画室」という求人案件に経験を活かせる点を見い出され、応募することになりました。経営企画室とは、社長をはじめ経営ボードの経営サポートを行う部署。金融業界で培われた分析力やレポーティングスキルなどが即戦力として活かせるミッションでした。

企業側にOさんをご紹介すると、当初は「なぜこの人を?」と、消費財業界未経験の紹介に疑問を持たれました。しかし、その会社で活かせる「ノウハウ」「ナレッジ」となる経験やスキルを告げると納得。面談も非常に高い評価で採用に至りました。

もしOさんが経験やスキルの棚卸しをすることなく面談に臨まれていたら、企業が納得する自己PRができないままに、ご縁も見い出せなかったかもしれません。

皆さんも、今、目の前にある仕事を見つめ直してみてください。それは、会社に利益をもたらすため、自分が給与を得るためだけのものではないはずです。自分にノウハウを与え、智《ち》慧《え》を磨き、人材としての「価値」を高めてくれるものだととらえてみてください。より前向きな気持ちで仕事に取り組めるようになると思います。そして、そのやり方に新たな工夫を加えてみることで、その経験・ノウハウはより有意義なものとなるでしょう。

● POINT

気の進まない仕事であっても、その経験は、あなたの「価値」を築いてくれます。雑用であっても、自分なりの工夫を凝らすことで、その経験の「価値」はさらに高まります。

「不本意な現状」の中でも、やりたいことにつながる経験・スキルはちゃんと磨かれている

昨今は、事業再編や組織再編が活発です。異動や転勤によって、今、望まない状況に身を置いている方も多いことでしょう。不本意な仕事でも、やらざるを得ない立場にいる方もいらっしゃると思います。けれど、そうした中でも、価値ある経験やスキルは必ず身についています。今の状況を、積極的にとらえプラスに活かさなければもったいない！と、私は思います。

私がお会いした求職者のＩさんの例をお話ししましょう。

Ｉさんは金融業界に勤務した後、親戚が経営する製造業に転職。経営幹部として、海外への拡販、海外現地法人のマネジメントなどを長年担っていらっしゃいましたが、経営状況が変わったのを機に転職活動を始められました。私との面談で、Ｉさんは「次に目標とするものがない」という不安を口にされました。

「前職は、自ら望んで就いたわけではなかったので……。求められるままに役割を果たしてきましたが、若い頃に思い描いていたキャリアからは大きく道を外れてしまいました。正直、今は何を基軸にして転職先を選んでいいのか、見当がつかないんです」

「じゃあ、金融業界にいた頃を思い出してみてください。当時は何を目指されていたんですか？　どんな理想を描いていらしたのか、ぜひ聞かせてください」

「……中小企業の経営をサポートするような機会が多くありましたから……。まだ人々に知られていない商品や、価値を認められていない商品を世の中に広げていく役割を担いたい、なんて考えてましたね」

お話を伺ううちに、Ｉさんがフロンティア精神旺盛な方だということがわかりました。

そこで思い浮かんだのが、ある製造業の求人案件です。製品はとても優れていて、熱狂的なユーザーも存在するものの、売上が伸び悩んでいる会社。国内よりも海外での需要が高まる要素を含んでおり、海外へ経営資源を投資しようとしている会社です。

その製品分野のマーケットを自分なりにリサーチし、大きな可能性を感じたＩさん。転居もいとわず応募し、常務クラスのポジションで採用されました。前職の製造業で身につけた経営の知識、海外拡販の経験、海外現地法人のマネジメントの経験などが、即戦力として評価されたのです。

前職では、内部の組織体制に対するストレスもあり、続けていくことに違和感を覚えていたというIさん。金融業界に戻ることには抵抗があり、「道を外れた」「回り道をした」と感じたこともあったかもしれません。しかし、そうした環境でも価値ある経験を積み重ね、結果的には「やりたい仕事」にたどり着くことができたのです。

皆さんも、今やっている仕事は「本当にやりたかったこと」ではないかもしれません。しかし、そこで身につけたスキルが、いずれ、本当にやりたい仕事を手に入れるために効力を発揮する可能性も十分あります。今ある環境を、最大限に活かしてください。

● POINT

経験に「ムダ」なものはありません。真剣に取り組んで得た経験であれば、いつか意外なところで活きてくることがあります。

困難の中にこそ、喜びのタネがある。成長のチャンスがある

日々、転職を希望する方々と接していると、中でも大変な苦労が待っているとわかっていながら「挑戦」に向かう方にお会いすることもあります。

在籍する会社で事業拡大を成功させ、「事業部長」のポジションに就いていたKさん。今の会社で安定した地位を得ていながらも、転職の相談にいらっしゃいました。

「今の仕事もうまく順調にいっているけど、自分がやるべきことはやったかな、という気がしているんです。事業は安定軌道に乗って、後進も育っているので、そろそろバトンタッチしようか考え始めました」

今の会社で事業を軌道に乗せるまでのエピソードをいろいろと伺った後、求人案件をご紹介することに。同業界でKさんにふさわしいポジションの求人は複数ありましたが、私がご紹介したのは、同業界で現在よりも売上規模も社員数も格下の企業。もともとブランド力は持っていたものの、一時期は民事再生法が適用され、再建途上にある企業でした。

最初にその情報を見たKさんは、（当然でしょうが）眉をひそめ、「どうしてわざわざこんな会社を紹介するんだ」と言いたげな表情でした。

私は紹介した意図を、こう説明しました。

「業績が安定している会社でさらに売上を伸ばすより、売上も資金力も下がった状態からの回復を目指す方が、難易度は高く、腕の振るいがいがありますよ。前職での経験は必ず活きるはずです。成功させれば、社員から感謝され、世間からも賞賛を受けるでしょう」

Fさんは、安泰なポジションを守るよりも、エキサイティングで、成長できる環境を求めている……私にはそう感じられたのです。

それに、私は、その会社の経営陣の「何としても再生させる」という情熱、そしてすばらしい人間力が備わっていることを認識していました。Fさんも、今の会社では、苦戦していた事業を右肩上がりへと導いた人物。きっと共鳴されるのではないかと思ったのです。

「そこまですすめるなら、とりあえず話だけでも……」

そうして面談に臨んだKさんは、社長と副社長の気概に触れて、強く共感され、入社を決意されました。

「うまくいっている会社なら、私じゃなくても務まる。この会社では、私ならではの経験が活かせる。私を必要としてくれている。こちらの企業の方がやりがいがありそうですね」

● POINT

困難な状況を嘆いているだけでは、仕事はおもしろくなりません。
乗り越えた先に得られる達成感を想像し、
楽しむくらいの気持ちで臨んでみてはいかがでしょうか。

自分の「ＷＩＬＬ」を意識する

中途採用において、一つの求人に複数の人が応募した場合、即戦力性が高い人が優先的に採用されるのが一般的です。しかし、ときには、豊富な経験を持つ人をさしおいて、その仕事の経験が浅い、もしくは経験がほとんどない人が選ばれることがあります。

そうしたケースで、企業の判断のポイントはどこかというと、「ＷＩＬＬ」を持っているかどうか、です。つまり、これから自分が「こうしたい」「こうなりたい」「こうありたい」という目標を持っているかどうかということです。

「森本さん、〝彼女〟を説得して、あきらめさせてください！」

あるとき、知人が私に相談を持ちかけてきました。知人が言う「彼女」＝Ｎさんは、広報・ＩＲ（投資家への広報活動）のスペシャリストとして優れたキャリアを持つ女性。ところが「営業職に転職したい」と希望しているというのです。

「貴重なキャリアを積んできたのに、わざわざそれを捨てるなんてもったいないと思いませんか。彼女、ちょっとした好奇心で、他の世界をのぞいてみたいだけだと思うんです。うかつに転職に踏み切って後悔しないように、転職の現実を教えて諭してあげてほしいんです」


知人はNさんの将来を真剣に考え、私にそう訴えました。

ところが、Nさんにお会いして話をしてみると、彼女の転職希望は気まぐれでも何でもなく、「本気」であることがわかったのです。広報・IRの仕事を通じて社外の人たちとかかわってきた経験、それによって味わった充実感、自分がいかに成長したか……具体的なエピソードを交えて語るNさんの表情は、とても輝いていました。そして、「外部と積極的にかかわる活動が、売上数字という明確な成果に表れる世界に身を置いてみたい」という思いを、私にぶつけてこられました。

その決意の固さを確認した私は、彼女の志向に合いそうな営業職の情報をご紹介。「営業未経験」というハンディをカバーするために、広報・IR職として外部の人たちと折衝を行ってきた経験をアピールする作戦を立て、選考に臨みました。

その求人案件の選考において、Nさんには強力な「ライバル」がいました。Wさんという男性で、同業界での営業経験を持ち、優れた実績を挙げている人物。これまでの営業手法とノウハウを活かし、すぐに成果を挙げることが期待される「即戦力」人材です。Nさんは明らかに不利でした。しかし、彼女は、キャリアをリセットしてでも営業に挑戦する決意に至った経緯、今後の目標をしっかりと伝え、見事採用を勝ち取ったのです。

なぜ、あえて未経験のNさんを選んだのか。採用担当の方にお聞きしてみると、こんな答えが返ってきました。

「お二人の『5年先』を考えてみたんですよ。Wさんは入社後すぐに成果を挙げてくれるでしょうね。Nさんは時間がかかるかもしれない。でも、5年後の姿を想像してみると、Nさんの方が格段に成長を遂げている、そんな可能性を感じたんです。そして、彼女が成長していくプロセスは、周囲のスタッフにもプラスの刺激を与えてくれるんじゃないかと期待してるんですよ」

どうやらWさんは、「私にはこれだけの実績とスキルがあります。御社ではどういうポジションを用意していただけますか」というスタンスに終始し、「御社でこんなことに挑戦したい」という意識が欠けていたようです。つまり「CAN（できること）」はあるけれど、「WILL（こうしたい、こうなりたい）」がない状態。それが、「すでに完成されていて、これ以上の『伸びしろ』が少ない」ととらえられたのです。

● POINT

「CAN」だけではなく「WILL」を持つ人は、周囲に「進化する期待」を感じさせるのです。

「自分の仕事が社会に与える影響」を意識する

あなたが「今の仕事にやりがいが感じられない」と言うなら、それは目の前の仕事をただこなすことだけに意識が向いてしまっているからかもしれません。

ある日、私が以前に採用のお手伝いをしていたR社の人事担当の方から久しぶりに連絡があり、こんなご相談を受けました。

「今、うちの会社を担当してくれているY君なんだけど、今一つやる気が感じられないというか、あまり積極的に動いてくれないんだよね……」

R社は、私がマネージャーだった当時の部下と一緒に開拓し、新規取引を結んだクライアントです。多くの採用をお手伝いしてきましたが、その後私たちは部署を異動。数回の引き継ぎを経て、現在担当しているのがY君でした。

私はさっそく彼に会いに行きました。Y君は、決して不真面目なわけでも、能力がないわけでもありません。ただ、話をしていて、R社に「思い入れ」がないことがわかりました。それもあってR社という会社を深く理解しようとしていなかったのです。

私は担当していた当時に知り得た情報――R社の創業からの経緯、経営理念、将来ビジョンなどをじっくりと話しました。そして、R社の事業が拡大した場合、社会にどのような影響を与えるか、可能性の広がりを伝えました。

「そんなおもしろい会社だったんですね。すみません、僕の勉強不足でした」

最初は面倒くさそうな様子だったY君は、最後の方には身を乗り出し、真剣に話を聞いてくれました。

後日、R社の人事担当の方からは、「彼、別人のように変わったよ。すごくがんばってくれている」という報告をいただきました。

Y君は、R社の成長が世の中の仕組みや人々の生活習慣を変える可能性を想像し、その一端を自分が担う立場にあることを認識したのだと思います。それによって、R社への意気込みが強くなり、パフォーマンスが向上したのでしょう。

皆さんが今取り組んでいる仕事は、社会に、人々に、どんな影響を与えますか？　どんな貢献をしますか？　変化や影響が表れるには、まだまだ長い期間を要するかもしれませんが、自分の仕事の先にある未来をイメージしてみてください。これまで以上の責任とやりがいを感じられると思います。

● POINT
あなたの働きは、目には見えにくいとしても、確実に社会を動かしています。
その責任とやりがいを意識してみませんか。

自分の弱さを認めてみる、さらけ出してみる

自信に満ちあふれていて、周囲から頼もしく思われる……常にそんな自分でありたいと思っている方もいらっしゃるのではないでしょうか。また、「自信満々！」とまではいかなくても、職場やビジネスシーンにおいて「弱みを見せてはいけない」と気を張っている方も少なくないと思います。けれど、ときにはそれが崩れそうになることもあるでしょう。

Hさんとは、何年も前から仕事上でのおつきあいがあり、お互いに気心の知れた間柄でした。いつもハツラツとした自信家で、「僕に任せておけば大丈夫」というオーラを発している人物。そんな彼が転職を決意し、相談を受けた私は張り切って彼の志向に合い、経験が生きる求人を探しました。

おすすめしたのは、グローバル化を推進するA社において、人材育成や新しい仕組み作りを

担う人事部門長の求人案件です。

異業種ではありましたが、Hさんのキャリアを活かしつつ、未経験の仕事にもチャレンジできるポジションでした。これから英語力を磨かなければならないというハードルはありましたが、彼の「大丈夫。自分ならできる」という自信はゆらぐことなく、面談も難なくクリア。スムーズに内定に至りました。

ところが、入社する3日前になって、Hさんから予期せぬメールが私に届いたのです。それは、「内定を辞退したい」という内容でした。

Hさんとお会いすると、いつもの自信あふれる表情からは想像できなかった、戸惑いの表情。そして、応募したときから今に至るまで、ずっと悶々とした気分を抱えていたことを打ち明けてくださいました。

「できます、と言ったけれど、実のところ不安で仕方がないんです。ぜひチャレンジしたい気持ちはあります。未経験の僕にチャンスを与えてくれたことには感謝していますが……。100％期待に応えられるという自信を持てないまま、入社させていただくべきではないと思うんです」

入社直前の辞退。それは、転職においては重大なルール違反です。けれど、Hさんを責める気持ちにはなれませんでした。むしろ、Hさんの心の内に私が気づいてあげられなかったこと、事前にケアできなかったことが悔やまれてなりませんでした。「ここでまた、Hさんの真意をつかみそこねてはいけない」、そんな思いで、不安に感じているのはどういう点なのかをじっくりと伺いました。そして、取りあえずは入社日を「延期」という形にして、再度、A社と面談することをご提案しました。


後日、A社の部門責任者との面談の場。Hさんは、胸に抱えている不安を包み隠すことなく吐露されました。先方もそれを受け止め、Hさんが不安に感じる部分をしっかりサポートする体制を整えることを約束。もともと、Hさんのポテンシャルを高く買っていたこともあり、あらためて採用をオファーしたのです。

不安を正直に伝えたことで、「過度の期待を寄せられることはない」と肩の力が抜けたHさん。安心感と納得感を持って、A社への入社を決意されました。

今度こそ入社が決まった「お祝い会」としてランチをご一緒したとき、Hさんは少し涙ぐみながらこんなことを話されました。

「妻にも見せたことがない自分の中の弱い一面を、今回初めてさらけ出しました。そのおかげで、自分が抱えてきた本質的な課題をクリアできたように思います。今、清々《すがすが》しい気分です」

A社に入社後のHさんは、本来の能力を発揮。期待されたとおりの成果を挙げていらっしゃいます。経営戦略にも深くかかわり、社内に影響力を持つ存在となっているようです。

もし彼があの日「自信がない」と打ち明けなければ……不安を押し殺したまま、表向きは虚勢を張って入社していたとしたら……。もしかすると、「本当の自分」と「周囲の期待」とのギャップに苦しむことになり、十分に力を発揮できていなかったかもしれません。

ちなみに、Hさんの告白を受けたA社の部門責任者の方は、こんなふうにおっしゃっていました。

「人間っぽくていいじゃないですか。本音で話してもらえてよかった」

自分の弱点、ネガティブな一面をちゃんと認められる人の方が、人から信頼されやすい。今回の一件で、そう感じました。

自分の弱みを認め、人に見せられること。それが、Hさんの本当の強さだったのでしょう。

● **POINT**

必要以上に自分を大きく見せることはありません。
自分の弱さを認め、乗り越えたときに、人は成長できます。
周囲との信頼関係が生まれ、新たなエネルギーが湧いてきます。

「守破離《しゅはり》」の精神で取り組めば、実りある「40代」を迎えられる

皆さんは、「守破離」という言葉を耳にしたことがありますか。

「守」とは基本の型を身につける段階、「破」とはその型を破って応用する段階、「離」とはそれらに創意工夫を加え自分独自のものを確立する段階を意味します。

どんな道であれ、それを究めていくためには順を追って段階を踏んでいく必要がある――これは、室町時代の初めに能を確立した世阿弥《ぜあみ》の教えで、武道や伝統芸術などの世界で語り継がれている精神です。

今、20代、30代の皆さんの中には、思うような成果が挙げられず、焦りを感じている方もいるかもしれません。けれど、ビジネス人生においては、成果を挙げることを急がなくても、40代になっていかに脂が乗っている状態に持っていけるかが大切だと思っています。幸いにも私

は20代の頃に営業活動で出会った経営者の方々からその教えを受けることができ、早い段階からそれを意識することができました。

一足飛びに「離」に到達することを焦らず、「守」「破」の段階を大切にしてください。20代、30代のとき、目の前の仕事にどれだけ本気で取り組んだか、自己投資をしたか。それにより、どんな40代を迎えられるかが変わってきます。

● POINT

焦る必要はありません。

「本気スイッチ」をＯＮのままにして、長期的視点での成長を目指しましょう。

◯「本気スイッチ」をONにしてくれる言葉 1

成功のコツは2つある。「コツコツ」だ。

鍵山秀三郎（イエローハット創業者）

「自ら機会を創り出し　機会によって自らを変えよ」

江副浩正（リクルート創業者）

何度も実験を失敗しては失敗した挙句、電灯や蓄音機の発明を果たす。実験が失敗すると決まって「なんの。こうやったらうまく行かない、ということが判明したんだから実験は成功だ。「どんなことからも発見がある。心して観よう」

トーマス・A・エジソン（発明家）

マネジメントは「示し、ほめ、かつ叱る」。リーダーは目指す方向を示した後はメンバーを信じて任せ、より彼らの動きを見て、よいタイミングを捉え、うまく行っていれば動きをほめ、そうではないときは叱り、メンバーが成功への動きを見つけられるように導く必要がある。

ケン・ブランチャード（米国の経営学者）

「探検隊員を求む。至難の旅。わずかな報酬。極寒。暗黒の長い月日。絶えざる危険。生還の保障なし。成功の暁には、名誉と賞賛を得る」

アーネスト・ジャックルントン（南極探検家）

たった一人しかない自分を、たった一度しかない一生を、本当に生かさなかったら、人間、生まれてきた甲斐が無いじゃないか。

山本有三（作家・『路傍の石』より）

興味があるからやるというよりは、やるから興味がでる場合もある。

寺田寅彦（作家）

人間には勇気はあるけど辛抱がたらんというやつがいる。希望だけで勇気のないやつもいる。勇気も希望も誰にも負けんくらいあるのにすぐにあきらめてしまうやつもいる。辛抱ばっかりで人生、何にも挑戦しないままに終わってしまうやつも多い。勇気、希望、忍耐。この三つを抱き続けたやつだけが自分の山を登りきれる。どれひとつがかけても成就せんぞ。

宮本 輝（作家・『春の夢』より）

初めは筏（いかだ）下り型でいきなさい。それからしばらくしたら山登り型に切り替えなさい。

大久保幸雄（人事コンサルタント）

進み続けなさい。あなたが期待していたことが偶然にもつかめるでしょう。座ったままで偶然にチャンスを見つけたという話は、これまでに私は聞いたことがない。

チャールズ・F・ケタリング（アメリカの発明家）

HONKI SWITCH ON

自分の中の「本気スイッチ」をONにするために

第2章

行動・習慣を変えてみよう

自分に刺激を与えてくれる人、「大切なもの」を共有できる人を探す

第1章では、いくつかの転職事例をご紹介しましたが、彼／彼女らの「本気スイッチ」がONになったポイントとして、ほぼすべての方に共通しているものがあります。

それは、「人との出会い」です。

皆さん、面談を通して経営者、役員、スタッフの方々と話をし、その理念や価値観に共感したからこそ、入社を決断されているのです。他にも、「それほど興味がある企業ではないけれど、面談だけでもしてみようか」――という軽い気持ちで臨んだ結果、経営者に惚れ込み、「この人と働きたい！」と火がつくケースもたくさん見てきました。

転職をしなくても、自分自身が意識して求めさえすれば、新しい出会いを作ることができます。自分にプラスの刺激を与えてくれる人が今の職場にいないのであれば、他の部署へ探しに

行けばいいのです。社内で出会えなければ、社外に探しに行けばいいのです。

私自身、仕事を接点として、多くの人とかかわることを意識してきました。社内のいろいろな部門の人に会いに行って話をする機会は、自分で作れるものです。

例えば、企業から「経理職」の求人をご依頼をいただいたときには、自社の経理部門のスタッフに話を聞きに行き、「経理の仕事とは」を学びました。また逆に、管理部門などで新たな施策を検討する上で営業現場の声をヒアリングする必要があるときなどは、私に声をかけてもらうように働きかけていました。

また、クライアントから相談を受けて解決方法を考えるときなどは、リクルートグループの各社の連絡先が掲載されている電話番号表をもとに、情報やノウハウを持っていそうな人に連絡を取り、会いに行ったりもしていました。

社外では、新規開拓の営業活動を通じて知り合った経営者やビジネスパーソンの方から刺激を受け、成長のきっかけを与えていただきました。

また、コンサルティング会社、金融業界などに対し、「お互いの顧客を紹介し合いましょう」といったアライアンスの話を持っていったこともあります。

プライベートでも、新しい出会いの機会は簡単に作れます。例えば、友人の人脈ルートを使って合コンをセッティングしてもらうこともよくありました。その際には、「＊＊＊業界で働いている人を呼んで」とリクエスト。ここから、異業種の人脈の拡大につながりました。

また、友人と「食事しようか」という話になったときには、「プラスで誰かおもしろい人をお願い！」と頼むのです。私と、友人が連れてきた初対面の人と3人で、あるいは私も友人もそれぞれが人を連れていって4人で、といったシチュエーションで飲みに行くこともしばしばありました。

その場で生じる化学反応が楽しみでなりません。実は共通の知人がいた。同郷だった。同じスポーツにはまっていた、好きなミュージシャンが一緒だった。そういう共通点がごろごろ。新幹線や飛行機でたまたま横の座席に座った人や、行ったレストランの店主、ショッピング中に立ち寄った洋服屋の店員さんなど……。人の縁とは不思議なもの。人生において意味のある必然の出会いだったと思うことも多々あります。そうして生まれた縁は、十数年を経てもつながっています。今ではとても大事な仲間や同志に発展している縁もあります。

一期一会。一瞬の出会いが一生の大事なおつきあいに発展し、人生をより豊かにしてくれます。その「一瞬の出会い」は、自分が意識して動けばいくらでも作ることができるのです。自分の「本気スイッチ」を入れてくれる人が、ここではないどこかにいるかもしれません。普段の行動範囲から一歩外へ出て、探しに行ってみてはいかがでしょうか。

● **POINT**

人との出会いは「財産」。人生が変わるきっかけにもなるのです。
出会いの機会を作らないなんてもったいない！

「どこかにおもしろい仕事がないか」と探すのではなく、目の前の仕事をおもしろくする方法を考える

今の仕事を「つまらない」「しんどい」と感じている方も少なくないと思います。かといって、「おもしろい仕事」への転換や転職はなかなか叶わないのが現実。であれば今、目の前にある仕事を、「おもしろくする方法を探す」方が近道です。

営業職に就いている人たちの多くが「苦痛」と感じている業務に「新規開拓を目的とした電話営業」があります。会社なり個人なりのリストをもとに、手当たり次第に電話をかけてニーズを探り、アポイントの獲得を目指すというものです。当然ながら、冷たくあしらわれたり、「忙しいのにかけてくるな！」と怒鳴られることだってあります。

私も、新人の頃はこうした電話営業を日課としていましたが、実はそれが楽しくて仕方がありませんでした。ストレスを感じない、むしろ楽しめるように、考え方・やり方を工夫してい

たからです。

例えば、

- 「素敵な人と出会うためのきっかけ、手段」と考える。「私が電話をかけなきゃ、素敵な出会いを他の人に取られてしまう」と考える
- 電話の向こうの相手がどんな人なのかを想像して楽しむ
- 断られたら、「あーあ、この人、損したな。後悔するだろうな」と考える
- 怒られたら、「普段の生活で、他人からこんなふうに怒られることってないよね」と笑う。「貴重な経験をしている」と考える
- 「怒られたのと同じ回数だけよいことがある」という法則を作り、怒られた回数をカウントする

……といったことです。嫌々やるよりも、ちょっとした意識の転換で、ずっと充実した時間を過ごせます。

また、コピーを取る、資料をそろえる、議事録を作成する、といった業務においても、「どうしたら使う人にとってもっと便利になるかな」と考え、工夫することを楽しみました。人に喜ばれる「プラスα」を実行するのは楽しいものです。

そうして「少し便利になる」「少し喜ばれる」を積み重ねていくことで、「こいつに任せれば安心」という評価につながり、大きなチャンスがめぐってきます。

● POINT

仕事を楽しもうとすると、そこには「工夫」が生まれます。
「工夫」の積み重ねは、「ノウハウ」「スキル」として自分の財産となります。

さまざまなジャンルの「プロの仕事」に触れてみる

私は、お客さまとの関係性が進化するとき……つまり「人材採用のお手伝い」というビジネス上のおつきあいから「人対人」としての交流へと深まるとき、大切だと痛感していることがあります。それは、「もっと話したい、時間を共有したいと思ってもらえるためには、私自身の人間としての深みと幅を広げなければいけない」ということです。

私自身、一つの事象についていろいろな角度からとらえ、深掘りし話を広げられる人と会うと、「もっと話していたい」「また会いたい」と思います。相手にもそう思ってもらえるように、広い意味での教養を身につけなければならないと感じています。

そこで、これまでにいろいろなチャレンジをしてきました。世の中にあふれている情報に、興味があるなしにかかわらず、とにかく触れてみようと思ったのです。

例えば、陶芸、生け花、フラワーアレンジメント、絵画、料理、ゴルフ、テニスなど、いろいろなジャンルのお稽古事の教室を探して、レッスンを受けてみました。「自分がどういうものに関心があるかわからないので、取りあえずやってみよう」と。

実際に体験してみて発見できることはたくさんあります。陶芸では「無心になれる」という魅力に気づき、作品づくりに熱中しました。ゴルフとテニスに挑戦したときは、止まっているボールを打つよりも、動いているボールを追っている方が楽しめる自分に気づきました。

その他、演劇やコンサートなどの広告が目に入れば、取りあえず足を運んでみました。自己啓発セミナーと聞けば、ダブルブッキングで参加していた時期もあります。いろいろな場所に旅行にも行きました。自分の中の引き出しを増やすための投資は惜しみませんでした。

幸い私はもともと好奇心が強く、やりたいこと、試してみたいことが次々と湧き出てきて、「1分もムダにしたくない!」くらいの勢いで24時間をフルに使っていました。先輩からは「そんなペースじゃ息切れするぞ」と言われたこともありますが、むしろ私は心地よかったのです。持っている時間は皆一緒、それをいかに有効に使うか、いかに生産性を高めるかを工夫するのは楽しいものです。

こうした活動の成果は、単に「教養を広げる、深める」だけにとどまりませんでした。いろいろなジャンルで、それを生業としている「プロ」の方々と接したことで、さまざまな世界観、価値観、表現方法があることを学ぶことができました。人それぞれに、その人に合った生き方があるのだと、理屈ではなく心と本能で理解することができたのです。

これによって、さまざまな人に「共感する力」が磨かれたように思います。これは、さまざまな業界・職種の方の転職支援に取り組んでいる私にとって、大きな収穫でした。

また、未知の世界で「プロの仕事」に触れることで、人は期待値を超えるものを見せてもらったとき「感動」が生まれるものなのだということも実感しました。私も、人に感動を与えるプロフェッショナルでいられるように、期待値以上のサービスを提供しようと決意することができたのです。

● POINT

話題の「引き出し」を増やせば、人との「共通の話題」を探すことが楽しくなります。人に対する「共感力」も高まります。

「感動力」を養おう。
小さなことでも感動・幸せを実感できる自分でいよう

普段何気なく見過ごしていること、当たり前だと思い込んでいることの中にも、感謝すべきことがたくさんあります。

私が、一緒に働くメンバーたちに伝えてきたのは、「会社組織にはいろいろな人たちが集まっていて、自分が自分の役割を果たすために陰で支えてくれていることを理解しよう」ということです。

会社で仕事をしているとき、目の前のパソコンからさまざまなデータをすぐに取り出せるのも、システム部門の人たちが使いやすいプログラムを組んでくれているから。メモを取るペン1本にしたって、総務部門の人が在庫を切らさないように調達してくれるからこそ不自由しないで済むわけです。

普段の生活においても、おいしい水が飲める、夜になると電灯がつく、移動しようと思うと電車が時間通りに到着する……。何気なく見過ごしてしまうようなことも、実は多くの人に支えられてはじめて普通の安心した生活を送ることができることがわかります。

夜どおし道路工事現場で働く人、寒い海へと漁に出る人、雨の日も真夏の暑い日も農業に勤しむ人……その人たちのことを想うと感謝の気持ちでいっぱいになります。彼らの働く姿を想像するだけで感動します。

また、私が大ファンである『感動力』(サンマーク出版)や『たった一人に伝わると大勢が感動するGIFTの法則』(日本経済新聞出版社)の著者・平野秀典さんから聞いた話をご紹介します。名古屋には、「金色タクシー」が走っているそうで、「見かけると幸せになる」という都市伝説があるとか。しかも金タクに乗った人は成田山でご祈祷された乗車証明書がもらえるそうです。これほどのラッキーがあれば感動も最高レベルかもしれませんが、日常のちょっとした小さな感動も、意識すれば実はたくさんあることに気づきます。

電車で小学生らしき少年が老人に席を譲ってあげていた、商店街で働くオジサンが道を尋ねる外国人に一生懸命知っている英語で説明していた、道端のアスファルトの間にタンポポが咲いていた、見知らぬ家を通りすがると庭に咲くジャスミンの香りがした……そんな日常にも、私は小さな感動を覚えます。

人は、つい他人と自分を比較してしまいがちです。そして、自分の方が恵まれていない、ツイていない……とネガティブな部分にわざわざ着目して、嘆いたりグチを言ってしまうこともあります。

けれども、すべては自分の気の持ち様次第。例えば、上司から叱られたとしましょう。「自分は評価されていない。嫌われている」ととらえるのか、「自分は期待されている、だから厳しいことを言われる」ととらえるのかでは、ハッピー度が大きく違ってきますよね。

そのためにも、日頃から「感動する」力を養ってみてはいかがでしょうか。人から聞いた話、ちょっとした日常の出来事を「ふーん」と受け流すのではなく、より心の深い部分で受け止めてみてください。

そして、感動を味わったら、周囲の人たちにも伝え、共有することをおすすめします。人に感動を与えること、つまり「感化力」を磨くと、人間関係はより豊かに発展すると思います。

● POINT

感動とは、心を動かすこと。心を動かす力は、意識することで鍛えられます。
心を動かす力をつければ、「本気スイッチ」も入れやすくなるでしょう。

仕事をしているときの自分の「表情」を常に意識する

私は、会社のデスクの上に鏡を置いています。

よく、コールセンターなどでお客さまからの問い合わせを受けるオペレーターさんも、目の前に鏡を置くことで「笑顔」を保てるように工夫していたりしますね（電話でも、笑顔は声を通じて相手に伝わるといわれます）。

人が「自分の顔」を見る機会は、意外と少ないように思います。朝起きて身支度をするとき、日中にお手洗いに行ったとき、お風呂に入るとき、夜寝る前に歯磨きをするときくらいのもの、という方がほとんどではないでしょうか。つまり、自分の顔を見る機会は、ほとんど「オフタイム」ということになります。仕事中の自分の顔を見る機会は、たまたま窓ガラスに映った瞬間くらいかもしれません。

お客さまとの電話中などに「笑顔」を心がけるだけでなく、「自分が普段どんな表情で仕事をしているか」を意識するためにも、鏡は有効なツールです。

デスクに鏡を置くなり、カバンに常備しておくなり、あるいは洗面所に行ったときでも構いません。意識的に鏡を見る機会を増やしてみてはいかがでしょうか。そして、そこに映った自分に問いかけてみてください。

「こんな表情をした人と、自分だったら一緒に仕事したいと思うか？」

つまらない表情でいては、仕事もおもしろくはなりません。取りあえず、鏡に向かって元気な笑顔を作ってみることが、テンションアップにつながります。それを意識してトレーニングし、習慣化することで、自然に明るい表情が身につきます。それが、一緒に働くメンバーにも波及し、職場の活気が高まるのではないでしょうか。

● POINT

表情が輝いている人は、「一緒に働きたい」と思ってもらえます。自分の表情が輝けば、対面する相手の表情も輝き、コミュニケーションが活性化します。

目についたもの、心に響いたことは「書く」ことで記憶にとどめる

私は「メモ」をよく取ります。目新しい情報を入手したり、心に響く言葉を耳にしたときなど、後で振り返る、振り返らないは別として、すぐに書き留めるのです。昔から、勉強においても、書いて書いて書くことで覚えるのが私のやり方でした。当時は理論も何もなく、そうすると覚えやすかったからそうしていたのです。

脳には「ワーキングメモリ」という機能があるそうです。文字を書くときに、そのバランスを意識したり、筆圧の加減に気を使ったりすることで、書いたことを記憶しやすくするのです。頭にしっかりと残しておくためには、キーボードで指先だけを使って打ち込むよりも効果的というわけです。

書く作業は、頭を動かして考えることにつながります。パソコンや携帯端末入力に慣れた皆さんも、大事な場面では「ノート」と「ペン」を活用してみてはいかがでしょうか。

休日には「リセット」より「プラスα」を生むエネルギーの充塡を

休日は、仕事で疲れた身体を休めるだけで終わってしまう……という人も少なくないかと思います。確かに、身体的には休養すれば「リセット」できるでしょう。けれど、休日は「ゼロリセット」ではなく、「プラスα」のために使ってみませんか?

何もせずに過ごした休日は、「のんびりできた」と思いつつも、どこか空しさを感じることもあります。それよりも、家族や友人とのコミュニケーションに、もっと積極的に時間を使ってみてはいかがでしょうか。楽しい時間を過ごし、大切な人の存在を実感することは、ただ眠るだけよりも強いエネルギーを充塡できます。あるいは、自然に触れてリフレッシュするのもいいでしょう。それが、休日明けのパフォーマンスをさらに向上させてくれるはずです。

今の私の休日は、長男のフラッグフットボール、次男の空手やスイミングなどの習いごとや試合につき添うといった母親業に勤しむ傍ら、平日と同じく早朝の時間を活用して読書をしたり貯めていたＤＶＤを観たりと、普段とは異なる自分だけの時間を楽しんでいます。時には子供たちを夫に託し、友人とショッピングや映画を観に行ったりジムに通ったりと、特別な時間を堪能しています。

そんな充実した休日のなかでエネルギーチャージし、パワーアップして月曜日の朝を迎えます。

POINT

大切な人と過ごす時間、
自分だけの「特別な時間」を持つことが大切です。

○「本気スイッチ」をONにしてくれる言葉 2

決心をする前に完全な見通しをつけようとする者は、決心することができない。

H・F・アミエル（スイスの哲学者）

行動は恐怖を消してくれる。行動に移ろう。待っていてはいけない。100%の準備ができていることなんてことはないのだから。

ドミニク・グロシュー（アメリカの作家）

人生は見たり、聞いたり、試したりの三つの知恵でまとまっているが、世の中のビジネスマンは見たり聞いたりばかりで、一番重要な試したりをほとんどしない。ありふれたことだが、失敗と成功は裏腹になっている。みんな失敗を嫌うもんだから成功のチャンスも少ない。

井深 大（実業家）

人生とは10％は自分で作るもので、90％はそれをどう引き受けるかだ。

アービング・バーリン（アメリカの作曲家）

変えられることは変える努力をしましょう。変えられないことは受け入れましょう。起きてしまったことを嘆くより、今からできることを皆で一緒に考えましょう。

加藤諦三（作家）

この世界で私に与えられた仕事は、きわめて限られたものかもしれない。だが、それは私に与えられた仕事であるという事実ゆえに、かけがえの無いものである。

マザーテレサ（カトリック修道女）

いやいやする労働は人を老衰に導くが、自己の生命の表現として自主的にする労働はその生命を健康にする。

与謝野晶子（歌人）

職業は人生の背骨である。

ニーチェ（哲学者）

愚か者は幸福がどこか遠いところにあると思い込んでいる。賢いものは幸福を足元で育てている。

ジェームズオッペンハイム（アメリカの詩人）

幸福な人生を作りたければ本当の自分と対決し（自己洞察）、頭を使い（ハウツー）、そしてリスクをおかす勇気を持つことです。

國分康孝（心理学者）

偉大で崇高な仕事を成し遂げることを私は心から望んでいる。けれども、私の一番の努めは、些細な仕事をあたかも偉大で崇高であるかのごとく成し遂げることだ。

ヘレンケラー（アメリカの教育者・社会福祉事業家）

第3章

O

立場・環境を変えてみよう

異なる環境、カルチャー、価値観に触れることで、現状のとらえ方が変わる

中途採用市場においては、多くの場合、「即戦力」が求められます。求職者側も、自分の経験をフルに活かしたいと考え、同業界・同職種への転職を目指す方が多くを占めます。ところが、豊富な実績を引っさげて同業他社に応募したとしても、評価されないケースがあります。

放送業界で活躍してこられたSさん。社内環境に閉塞感を感じ、もっと自由にコンテンツの編成・プロデュース業務に取り組める職場を求めて、転職活動を開始しました。そして、これまでと同じ業種で、10分の1程度の規模の会社に応募。面談に臨んだSさんは、これまで自分が仕掛けて成功を収めた企画を堂々とアピールしました。しかし、面談相手の社長の反応は予想外に冷ややかなものでした。

「それは、前の会社の看板と予算があったからこそできたのではないですか？」

そう指摘され、Sさんはその場で反論することができませんでした。

しかし、実際のSさんは、会社の看板や予算などを抜きにしても、優れた企画力やプロジェクトマネジメント力を備えておられ、人望の厚さから広い人脈も築いていらっしゃいます。私からは、「成果だけでなく、そこから何を学び、どんなノウハウを得たかを伝えましょう」とご提案し、再度面談に臨んだ結果、見事採用となりました。Sさんがおっしゃるには、

「働く環境を変えることの意味を認識させられましたね。厳しさも感じましたが、メリットにも気がつきました。今回の転職では、前の会社よりも予算規模は小さくなりますが、余計なしがらみにとらわれることなく、大きな裁量権を持って取り組めるのはやりがいがありますよ」

人材を求める企業は、これまでの成功体験を活かしてほしいけれど、それにとらわれてはほしくない。ときには「経験をゼロにリセットする」くらいの覚悟を持って、自社で新たな価値を築いてほしい、という期待を抱いています。その会社が持つ経営資源の範囲内で、それを最大限に活かすチャレンジを求めているのです。そこに気づくか気づかないかが、転職活動の成

否の分かれ目になっていると感じます。

同じ業界であっても、会社が変われば環境が変わる、やり方が変わる、求められるものが変わる——当たり前のことに思えますが、これまで一つの会社で働き続けてきた方は意外と意識されていないことも多いようです。転職活動を機に、気づく人は少なくないのです。

そして、転職活動を始めて、いろいろな会社に接し、多くの人と話すうちに「自分の（今働いている）会社のよさ」に気づくことも。他社の環境やノウハウに触れることで、「自分の会社でもできる」ことに気づき、改めて「チャレンジしてみよう」という気持ちが芽生え、元の職場に戻っていく方もいらっしゃいます。


なお、転職活動までしなくても、他社について知ることはできます。

ビジネス関連のセミナーなどに参加して他社の人と知り合うことや、企業ホームページで細かな情報を入手することなどによっても知ることができます。また、各社の新卒採用のページなどを見ると、公式ホームページでは公開していないような、社内の環境や制度、仕事の進め方などを伝えていることもあります。それらの情報が、自分の仕事のやり方を変えるヒントになることもあるでしょう。

● POINT

他社の情報を知ることで、今の自分を取り巻く環境を見つめ直してください。
もっと活用できるものが見つかります。

立場は人を成長させる。立場を変えるチャンスを逃さない

転職エージェントという仕事をしていると、転職によって「立場」が一変したことで、より大きなやりがいを得られたケースに遭遇します。

Kさんは大手広告代理店で営業や海外関連業務を手がけてきた優秀な方です。結婚・出産後もワーキングマザーとしてキャリアを積んでこられましたが、40代を迎えた頃に「早期退職制度」の適用対象となり、人生の岐路に立たされることとなりました。

どうするか迷った上での彼女の決断は、

「今、ここでチャレンジしなければ後がない！」

早期退職を決意し、転職相談にいらっしゃいました。

面談でKさんとお話ししているうちに頭に浮かんだのは、マーケティング会社でもあるA社の社長でした。女性をターゲットにしたソリューションサービスを手がけていることもあり、A社の社長は日頃から「女性を積極的に活用したい」「女性管理職を作りたい」と相談されていたこともあり、Kさんなら事業内容にも社風にもフィットするような気がしたのです。そのとき、A社からは、具体的な求人の要望は出ていなかったのですが、社長に「Kさんと会ってほしい」と懇願し、面談の場を設けました。

予想どおりお二人は意気投合。社長は、Kさんをどんな役割、ポジションで迎えるかを検討しました。Kさんのこれまでキャリアを踏まえると、営業もしくはプロモーションなどの部門のマネージャーが妥当かと思われました。しかし、社長は意外なポジションを提案したのです。

「人事部長としてご入社いただけませんか？　これまで私が管掌していましたが、Kさんにバトンタッチしたいと思います」

「えっ？　人事……ですか。私、やったことないのですが……考えてもみなかったことです」

「給与計算や労務管理といった実務を行うスタッフはいるので、そこは心配いりません。Kさんには、『象徴』的存在になっていただきたいんです。当社が、女性活用を本気で考え、推進していくためには、ロールモデル（お手本）が必要だと思うんです。Kさんがこれまで子育てをしながら仕事を続けてくるには、いろいろなご苦労があったでしょう？」

「確かに、いろいろな障害がありましたね……」

「その実体験を活かして、女性が長く活躍できるための環境や制度を作ってください。それに、人事部長がワーキングマザーなら、これから入社してくる女性も安心して、前向きにキャリア構築を目指せるでしょう」

私も、社長の判断には「なるほど」と納得しました。Kさんは、面倒見がよく、人の悩みにも親身になるタイプの女性。相談しやすい雰囲気があり、社員たちの素直な声やニーズが集まってくることが想像できました。

提案を受けた当初は、「自信がない」と不安気だったKさん。しかし、自分が通ってきた道のりを振り返り、「私のようなストレスや苦労を味わう女性を減らすことができるなら」と、「本気スイッチ」がオンに。人事部長の役割を引き受け、入社されました。

入社後、Kさんは「ノー残業デー」の推進やワーキングマザーのメンター役を自ら率先して引き受けられました。また、育児休暇を取得後も以前の職務のグレードやレベルを落とすことなく職場復帰できるような体制を作るべく、外部のコンサルティング会社と連携し奮闘されました。結果、新卒採用においても優秀な女性を獲得できるようになったほか、定着率の向上にもつながりました。また、社員がKさんに気軽に相談ができるようになったことから、社内の風通しもさらによくなったのです。

約20年間務めた前職では、孤軍奮闘を続けてきたKさん。「後輩女性たちが目指すロールモデル」という立場に立ったことで、より大きなやりがいを得ると同時に、これまでの経験と本来の持ち味を活かすことができたようです。

● POINT

自分ならではの経験、強みを
最大限に活かせる立ち位置を探りましょう。

立場を変える機会は、自分で作ることもできる。「異動」は絶好のチャンス。

「転職」をしなくても、自分の立場を変えるチャンスは自分で作ることができます。

例えば「異動」「転勤」も一つの手段です。社内に興味のある部署や職務があるなら、異動を願い出てみてはいかがでしょうか。これまでの経験・実績を捨てることになるかもしれませんが、それらを手放すことで、それ以上に大きなものを得られる可能性もあります。

私自身も、異動の経験が大きな成長と財産をもたらしてくれました。

といっても、その異動は自ら望んだものではなく、上司から命じられたもの。私は当初、抵抗したのです。

当時は入社3年目。私は、入社以来流通業界をターゲットに新規顧客開拓の実績を積み上げており、社内では「流通といえば森本」「森本といえば流通」と認知されていました。それは、新人の頃から、他の誰にも負けない分野を作る、「自分ブランド」を築き上げてみせる、という目標を持って努力してきた成果でした。

それが、流通業界の顧客をすべて他の人に引き継ぎ、「ニュービジネス（今でいうベンチャー企業）」の専任担当として新たなマーケット開拓を行うように、という辞令を受けたのです。会議室で当時の上司からその辞令を告げられた私は、「嫌です」とだけ答え、ふてくされてその日はそのまま帰宅してしまいました。

私には、他の人が手をつけていなかったマーケットを自分の手で開拓し、育て上げてきたという自負がありました。各クライアントとのリレーション（関係）も深まり、少ない労力で高業績を挙げられるサイクルをようやく築き上げていたのに、「ゼロリセット」しなければならないなんて……。憤慨もしましたし、不安にもなりました。

それでも、結果的には、しぶしぶながら辞令を受け入れました。上司の一言に背中を押されたからです。

「絶対に、おまえの成長につながるから」

そのときの上司の気持ちが、今ではとてもよくわかります。そして、異動の機会を与えてもらえたことに感謝しています。

流通マーケットの担当顧客をすべて手放し、ニュービジネス（ベンチャー企業）の新規顧客開拓に取り組んだ私は、「IT・インターネットビジネスの拡大」という時流の後押しもあり、流通担当時代をはるかに超える業績を挙げることができました。今では誰もが知るリーディングカンパニーが、創業間もない時期から急成長を遂げていくプロセスにおいて、「人材採用」という側面からサポートするという経験をいくつも積むことができたのです。そのパフォーマンスと実績に対して、社内だけでなく社外においても高い評価をいただき、「森本ブランド」の価値を飛躍的に向上させることができました。

オーナー企業がほとんどだったことから、経営者と直接対話する機会も多く、斬新なビジネスモデル、大胆な経営戦略、スピード感などに触れられたことも、大きな学びとなりました。そして、この時期に築いた人脈は、一生ものの財産となったのです。

よくある社内の部署異動だけでも、また、異動までしないにしろ、これまでと異なる領域にチャレンジするだけでも、ビジネス人生を新しい方向に展開させるきっかけになり得ます。

さらに日常的な場面でも、チャレンジのチャンスはあります。例えば、事業部やグループ単位で開催される宴会（歓送迎会、忘年会、新年会、打ち上げなど）で、幹事を買って出る。勉強会やセミナーの開催を提案し、企画・進行役を引き受ける——そうしたアクションによっても、自分の「立ち位置」を変え、組織の中で新たな存在価値を付加することができます。

面倒でしょうし、プレッシャーもあります。でも、ときには、自分に「試練」を与えてみるのもよい刺激になり、新たな自分発見の機会になると思いますよ。

● **POINT**

少し立ち位置を変えるだけでも、新しい視界が得られます。
その発見が、次の成長につながります。

人事組織の策定シーズンを狙い、自分のキャリアプランを発信する

企業内で、「総合職（ゼネラリスト）」の立場にある方は、常に「異動」の可能性があることと思います。全国展開している企業であれば、他エリアへの転勤もあり得るでしょう。「あの部署に異動し、こんな仕事がしたい」。逆に「異動はしたくない。今の部署で今の仕事を続けたい」など、人事制度上、希望を提出できる機会はあっても、思い通りにはいかないことも多いのが現実です。

私自身も、入社3年目の頃に不本意な異動を経験したことを、前の項でお話ししました。その異動は、結果的には自分のキャリアの飛躍につながり、会社にも私自身にもメリットをもたらしたので、とてもラッキーだったと思います。そして、この異動経験は、自分自身のキャリアプラン、キャリアビジョンといったものを中長期な視点で考えるきっかけにもなりました。また、考えるだけでなく、具体的にアクションを起こすようにもなりました。

人事組織の策定が行われる時期――当社は3月が期末でしたので4月の新体制に向けて1月頃に上司にあたる部長に面談を申し入れ、「私は今後、こんな立場で、こんな仕事をしたい」と、自分のキャリアプランを伝えるようにしたのです。口頭で伝えるだけでなく、プレゼンテーションの企画書も準備しました。

このように、自分の意思を積極的に発信しておくことで、上層部が来期の新体制人事について考える際、私の希望が考慮されやすいようにしたのです。実際、この十数年、望まない異動や転勤を打診されることはなく、むしろ前向きなチャンスをいただけるようになりました。

また、部長に伝えるだけでは飽き足らず、社長にも面談を申し入れました。「個人の考えを伝えるために、社長と面談なんて……」と、恐れ多く感じる方も多いかもしれません。けれど、一定規模以上の会社の社長ともなると、現場社員との距離の隔たりを不安に感じていることが多いものです。これは、採用コンサルタントとして多くの社長とおつきあいしてきた中で実感したことですが、社長は「現場の声」を直接聞く機会を待ち望んでいるのです。なので遠慮はいらない、と思っていました。社長が知りたい「現場の一社員の声」を届け、同時に私個人が抱いているビジョンも聞いていただく――そんなスタンスで自分の考えを発信していました。

ただし、上層部に対して自分のキャリアプラン／ビジョンを訴える前に、必ずすべきことがあります。今、担当している仕事に全力で取り組み、きっちりと実績を挙げることです。

「今の仕事は自分にあっていない。別の部署・職務に移れれば、自分の能力をもっと活かせるし、モチベーションも上がるのに」――そんな不満を抱いている方もいらっしゃると思います。けれど、決してくすぶらず、力を抜かず、苦手意識のある仕事にも真剣に取り組んでみてください。苦手な仕事ゆえに、なかなか優れた成果を挙げられなかったとしても、少しでも自分の持ち味を活かす工夫をして、「強み」をアピールし、周囲からの評価を得てください。

今の仕事でのパフォーマンスを認められてこそ、本当にやりたい仕事をするチャンスを手にできるのです。

● POINT

「自分はこうしたい」「こうなりたい」を繰り返し周囲に発信し続けることで、チャンスを手にする確率が高まります。

大手企業から中小企業に移り、輝き始める人もいる

産業構造や各業界の勢力図が大きく変化している昨今、大手企業でも事業縮小、それに伴うリストラ策が進められています。転職エージェントには、当然ながら、早期退職制度などを利用した方々が大勢ご相談にいらっしゃいます。

大手企業で勤め上げてきた自負もあり、最初は「どこか見つかるだろう」と、余裕の構えの方も多く見られます。しかし、しばらく転職活動をしてみて、自分の想像よりも社会の評価が厳しいことを認識し、自信喪失するケースも少なくありません。

そうした中で、最終的に転職に成功する人・しない人の差は、やはり「気持ちの切り替え」にあります。「大手」のプライドをいったん捨てて、看板を持たない自分自身と向き合った方、視野を広げて選択肢を拡げた方々は、納得の転職につながっています。

この場合、大手企業から中小企業に移るケースが多数。規模や知名度が落ちることに抵抗感を示す方もいらっしゃいますが、中小企業ならではのメリットを発見し、そのメリットを利用

してスキルアップに成功している方が大勢いらっしゃるのです。

日本を代表する大手製造業の管理部門に勤務していたMさんのケースをお話ししましょう。彼の転職理由はリストラといったものではありませんが、現状に閉塞感を感じ、転職活動に踏み切りました。

「今の会社は規模が大きすぎて組織が細分化されているため、一人が任される職務範囲が狭いんです。物事を決めるにも、いくつもの稟議を通さなければならず、進捗が遅い。意思決定を下せるような責任あるポジションまで昇進するにも時間がかかりそうで……」

担当業務の幅を広げる、かつ大きな裁量権を持つ。その希望は、規模の小さな会社に移ることで実現が可能です。

何気ない雑談の中で、Mさんがあるスポーツが好きであることを知った私は、そのスポーツ関連企業が総務部門長を探していることを思い出し、さっそくご紹介しました。一目で気に入ったMさんは、すぐに応募。スムーズに採用に至りました。

しかし、前の会社と比べると、規模は100分の1以下です。入社後しばらくして会ったMさんは、そのカルチャーギャップをこう語りました。

「この組織規模だと、『部長』といえど、何でもやらなくちゃならないですね。オフィスの雑用って結構多いですよね。アシスタントもいないから、お客さんにお茶を入れるのも、コピーを取るのも、自分でやっていますよ(笑)。でも、物事の進捗がすごく早い。これまではややこしい根回しが必要だったのが、一人に相談するだけで即日決定できるというストレスがないのはいいですね。何より、『経営ボード』に近い。自分の意見や働きが経営にダイレクトに影響を及ぼすというのは、プレッシャーも大きいですが、自分の『存在価値』を実感できます」

大好きなスポーツに常にかかわっていられるということもありますが、Mさんの表情は以前よりも明るく、頼もしく輝いていました。

以前は組織の一員として与えられた役割をこなすだけにとどまっていたのが、今では「経営の視点」とスピーディな判断力を身につけたMさん。もし、この先、再度転職することになったとしても、その経験・スキルは大きな武器となるでしょう。

● POINT

進むべき道に迷ったときは、
「自分の価値をどう高めていくか」という視点を大切にしてください。

コラム〇 採用を行う企業は、応募者の「本気度」をどうはかっている？

人材採用の現場においては、豊富な経験や優れたスキルを持つ方が、1次〜2次面接を難なくクリアしたものの、最終の面談で不採用になるケースは少なくありません。

現場は、即戦力となる人材を「ぜひ欲しい！」と歓迎しますが、最終面談を行う役員や経営者は「将来に渡り、会社の成長を支えてくれる人材か」という長期的視点で判断します。また、外から新しく人材を迎えることで、既存社員にプラスの刺激を与えてほしい、という期待もあるため、その人の意欲や熱意、この会社でがんばっていく覚悟があるかどうかといった「本気度」に注目するのです。

では、経営陣は応募者のどこを見て、「本気度」を判断しているのでしょうか。

まず、本気度を疑われる代表的なパターンは次のようなものが挙げられます。

●「現場経験」を積むことを拒む

これは、流通・小売・外食・サービス業界などのＢ　ｔｏ　Ｃ企業で起こりがちなのですが、「本部スタッフ」「本部長」「統括部長」などのポジションに応募した方が、入社直後に店舗に勤務することを拒むというケースです。企業側としては、まずは販売やサービスの現場を自身で体験し、現場の課題をキャッチアップして経営戦略に活かしてほしいと考えています。現場を知ろうともせず、一足飛びに運営本部側に立ちたいと希望する人は、「お店やサービスを良くしていきたいという気持ちはあるのか？」という不信感を持たれてしまいます。

●肩書ばかりにこだわる

入社時点で「役職」を求める方もいらっしゃいます。企業側としては、「まずは組織になじんでもらい、周囲に認められ納得を得られた上で昇格を」と考えているのに対し、最初から「肩書き」を持つことにこだわるケースです。採用側には、「肩書きがないと仕事ができないのだろうか？　少し遠回りしてでも現場目線で接することで本質が見えてくるのでは？」という疑問が生まれます。

●過去の成功体験に固執しすぎる

面談において、過去の成功体験、過去の実績ばかりを前面に出してアピールする方。もちろん実績は評価されますが、会社が変われば環境もリソースも異なります。経験をゼロリセットする覚悟で挑戦する姿勢が見られなければ、採用を見送られてしまいます。また、「この会社で何をしたいのか」という将来ビジョンを語れない方も不評。目的意識や成長意欲といったものが感じられなければ、過去の実績が優れていたとしても、将来の伸びシロが感じられないため物足りないという結果になります。

一方、「本気」が認められ、ハンディを抱えながら採用を勝ち取った方もいらっしゃいます。

●「企業研究」の姿勢が認められる

アパレル会社の経理職に応募したAさん。企業側が求めている年齢層よりも高いという点で、選考では不利になると思われました。しかし、その会社への興味が強く、入社を熱望していたAさんは、その会社の直営店舗を見てまわり、各店舗に対する感想をレポートにまとめて面接に臨んだのです。販売職やバイヤーなどであれば店舗を見ておくのは当然ですが、本社勤務の経理職志望者が休日を費やしてまで店舗に足を運び、レポートまで作成するというのは、通常ではあまり見られない行動です。その熱意が評価され、Aさんは見事採用となりました。

Bさんの場合は、ネットを駆使し、応募先企業の情報を調べ上げた上で面談に臨みました。企業ホームページやメディアの記事を見るほか、社長のブログも熟読。しかも、数年分にも及ぶブログ記事に、すべて目を通したのです。社長の価値観、仕事観、プライベート情報や嗜好などを十分に理解したBさんは、共感するポイントをしっかりとアピールでき、その会社に迎えられました。

●不利な点を隠さず、ありのままの自分でぶつかる

Cさんは、重いハンディを背負い、転職活動に苦戦されていました。というのも、前の会社で海外現地法人の責任者を務めていた際、現地スタッフによる不正事件が発生。その責任を負い、辞任していたのです。他の転職エージェントでは

その過去にはあまりフォーカスしないことをすすめられ、複数の会社に応募を試みたそうですが、立て続けに不採用に。「負い目がある」というネガティブな感情が表面ににじみ出てしまっていたのかもしれません。

私からは「あなたは悪くないのだから、事実を伝えましょう。時間がかかっても、受け入れてくれる会社を探しましょう」とお伝えしました。「ありのままの自分でいい」と吹っ切れたCさんは、その後、これまでの経験がフルに活かせる会社に出会いました。そして、事件の顛末を包み隠さず説明した上で、数センチもの厚さのプレゼン資料を用意し、「入社したらこれをやりたい」と本気度を真剣に訴えたのです。その実直さ、前向きな姿勢が評価され、採用に至りました。

いつも「本気の自分」でいるために…

「アファメーションカード」の活用法

自分の中の「本気」を引き出し、維持するための手段として有効なのが、私も実践している「アファメーション」という自己啓発法です。

アファメーションとは、自分に対して語りかける「肯定的な自己宣言」の言葉のこと。ネガティブな言葉や気持ちを切り離し、意識を変化させるものです。「目標達成」「潜在能力の開発」などに効果を発揮するということで、アメリカでの支持が高く、国防省やNASAなどでも導入されている手法です。

私があるセミナーでこれを学んだのは、27歳の頃でした。このとき、アファメーションカードに「私は40数歳でテレビに出てたくさんの人に影響力を与えている」「私は40歳で年収を倍以上にしてより豊かな生活を送っている」と記し、事あるごとに繰り返し声に出して読みあげていました。それが潜在意識に刷り込まれたのか、後に2つとも実現しています。私にとっては効果大だったといえそうです。

ここでは、アファメーションカードの作成法、使用法をご紹介しましょう。

まずはカードを用意し、ポジティブな内容を、「現在形」で記します。基本は「一人称」。他人ではなく、「自分」の潜在意識に訴えかけるものですので、すべて「私は～」で始めます。

（例）

私はいつもすべてのことに感謝している

私は家族を心から愛している

私はいつも優しい気持ちに包まれている

私は気力、体力があふれている

私はいつも変革している、チャレンジしている

「将来は～」「いつか～」ではなく、「私は～している」「私は～を持っている」といった現在形

で書くのがポイント。すでに理想の自分が実現している感覚を、自分自身に抱かせるのです。

また、効果を高めるためには、行動的な言葉や情緒的な言葉を使うといいようです・

（例）
私はいとも簡単に、思ったことを実行している
私は喜んで、期待されたことを実行している
私は、自分の能力を信じ、楽しく仕事に取り組み、会社の発展に大きく貢献している

「簡単に」「喜んで」「楽しく」などの一言を添えることで、行動や達成のイメージがより強くなり、自信と安心感につながるというわけです。


作成したカードは、いつでもすぐに取り出して読める状態にしておきます。

私の場合はカバンに入れておき、常に持ち歩いています。そして、自分にエネルギーを補給したいとき、誰かにパワーを与えたいとき、ネガティブな気持ちに陥りそうなときに取り出して読み返しています。そのメッセージを眺めているだけでも、ポジティブな気持ちが湧いてきて、

元気になれるのです。

ちなみに私のアファメーションカードは、「色分け」して作成しています。「自分がどういう状態でいることが幸せなのか」という基軸は共通ですが、「人としてどうありたい」「仕事」「家庭」「社会」「将来」などに分類し、カードの色を変えるのです。シチュエーションに応じてその色のカードを見ることで、スイッチを切り替えやすくなり、どんな場面でもポジティブな気持ちを保てます。

そして、アファメーションカードは、新しい年の始まりとともに見直し、目標を設定し直したり、新たに書き加えたりします。

また、カードは「手書き」にするのが私のやり方。文字には、その瞬間の気持ちが表れるからです。「よし、がんばるぞ!」という気持ちがこもった自分の字を見るたびに、そのときの気持ちを呼び起こすことができるのです。

目標や理想を常に意識し、「本気」の自分であり続けるためのツールとして、皆さんも活用してみてはいかがでしょうか。

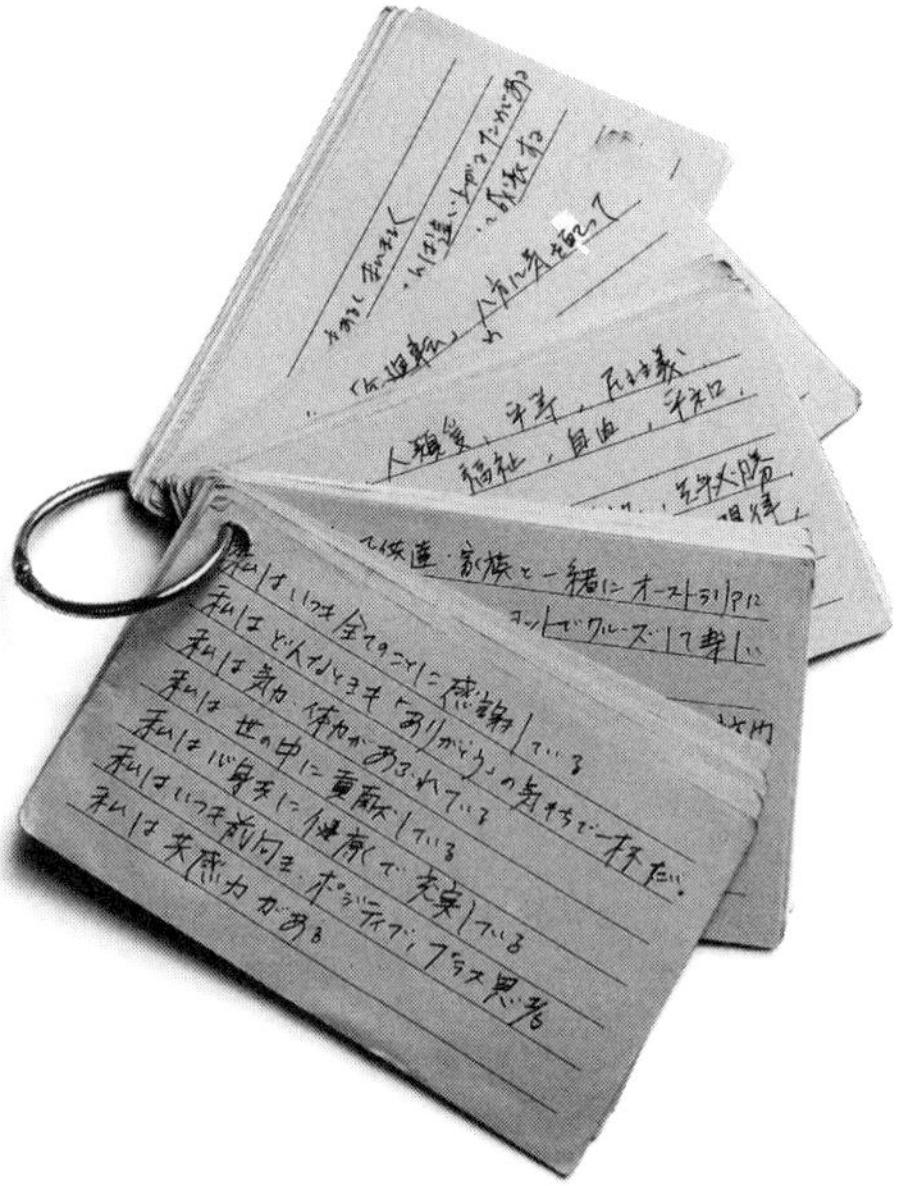
友達・家族と一緒にオーストラリアに
私はいつも全てのことに感謝している
私はどんなときも「ありがとう」の気持ちで一杯だ。
私は気力・体力があふれている
私は世の中に貢献している
私は心身共に健康で充実している
私はいつも前向き、ポジティブ、プラス思考

HONKI SWITCH ON

メンバー・部下の「本気スイッチ」を
ONにするために

第4章

● 「やる気の火ダネ」のありかを探ろう

「モチベーションの高い人材」はどうすれば育つのか

自分が「本気」になれるかどうかは自分次第。しかし、他人を「本気」にさせることはたやすくありません。

リーダー、マネージャーとして部下をお持ちの皆さんは、メンバーのやる気を引き出すこと、高めることに日々苦心していらっしゃることと思います。

現在の私は、リクルートエグゼクティブエージェントにおいて、経営幹部層に特化した転職エージェント・採用コンサルタントとして「スペシャリスト」の立場で働いていますが、これまでにはマネジメントの立場に立ったこともあります。

入社1年目~十数年選手のメンバーが所属する「営業グループ」、あるいは、新卒で入社したばかりのメンバーのみを集めた部門など、マネージャーという立場で接したメンバーは計100人超に上ります。

担当したグループが、社内グループ中で売上トップを記録し、「MVG（= Most Valuable Group）」として表彰を受けたこともありました。

グループメンバーの中には、飛躍的に成長を遂げて、今では大口クライアント担当や重要ポストを任されたり、コンサルタントとして独立起業したりと、活躍しているメンバーも数多くいます。

「どうやったら、彼/彼女らのようなモチベーションの高い人材が育つの？」

ありがたいことに、そんなご質問を社内外の方からいただくことがよくあります。そこで、私がマネジメントにあたって心がけてきたことを、振り返って整理してみました。

また、当時の私の言葉や行動がどう受け止められていたのか、元メンバーたちからも話を聞いてみました。

それらを踏まえ、「効果があった」と確信できるポイントをお話ししたいと思います。

行動や成果だけでなく、その動機とプロセスに注目する

「そもそもやる気がないヤツには何を言ってもムダ」

そんなふうに思っている方も多いかもしれません。

けれど、私は、どんな人も「やる気の火ダネ」（本気スイッチ）を持っていると考えています。皆、生まれ持った可能性を秘めている。ただ、これまでの人生で遭遇した何らかの外的要因が影響して、それが封印されてしまっている状態なのではないでしょうか。その人にとって何らかの「良い作用」があれば、自信を持って前向きになれる。「本気スイッチ」をONにできると思います。

「大卒入社者の約3割が3年以内に退職する」という厚生労働省のデータもありますが、入社したその日には、「この会社でがんばっていこう」という気持ちを持っていたはず。それでも辞めてしまうのは、やはり、マネジメントや職場環境に問題があると思うのです。

私がマネージャーを任されていたころ、四半期に一度、マネージャーが集まっての「人事会議」が開かれていました。マネージャーたちが、自身のグループのメンバー一人ひとりについて「彼はこの3ヶ月間、こんなことをがんばった」などといったプレゼンをするのです。それに対し、他のマネージャーとも意見交換を行います。

そうした場に出席していて感じたのは、マネージャーたちは、メンバーが取り組んだ課題、行動、成果などは把握しているものの、「なぜ、そのメンバーはそれを課題とし、そういう行動を取ったのか」という「動機」の部分を理解していないケースが多いということです。

そのメンバーは、どういうきっかけによって、どのような成長を遂げたのか。その点があまり注視されていない。けれど、私はそれこそが、マネージャーが理解すべきポイントだと思うのです。

ですから、私は、メンバー一人ひとりに対し、「やる気の火ダネ」(本気スイッチ）がどこにあるのか、どうしたら火をつけられるのかを探ることに力を入れてきました。

● POINT

「なぜ、そこでがんばれたか」を追究することで、
その人の「やる気の火ダネ（本気スイッチ）」がどこにあるかわかります。

その人の生い立ち、形成された価値観を知る

「やる気の火ダネ（本気スイッチ）」がどこにあるかを探るためにまず取り組むことは、その人の生い立ちを知り、その過程で形成された「価値観」を理解することです。

私は、新しいメンバーが自分のグループに配属された段階で、必ず1対1の面談を行っていました。それも、なるべくなら社内の会議室・ミーティングルームなどではなく、一緒に食事に行くようにしました。そこで、「仕事観」についてはもちろんのこと、幼少期から学生時代まで、どんな家庭環境や友人関係の中で育ってきたのか、その人の「原点」となる部分をじっくり聞いたのです。

とはいえ、いきなり「あなたはどんなふうに育ってきたの？」なんて質問をぶつけても、相手は戸惑ってしまいますよね。最初から腹を割って、ペラペラと話し出すような人はまずいま

せん。

そこで私は、まず自分自身について話すことから始めました。どんな場所で生まれ育ったか、学生時代は何に熱中していたか、大学進学時にどんな決意で上京したか、なぜこの会社を志望したのか、どんな思いでこの仕事に取り組んでいるか――。恋愛話などのプライベートから仕事観まで共有し、ありのままの自分をさらけ出していました。

すると、相手も「ここまでオープンにしていいんだ」と安心するのです。

多くの人は、会社の人、しかも上司を相手にプライベートなことをどれだけ話していいものか、さじ加減をつかめずにいると思います。だから、上司の方から「これは職場で話すようなことではない」「上司との間に一線を引くべき」といった固定観念を取り除いてあげるのです。


私は、「上司」「部下」というのは役割が異なるだけであって、人としては対等。どちらが偉いわけでもないし、どちらに従わなければならないということはない、と考えています。それをメンバーにも伝えています。

そして、「仕事上でたまたま同じグループに属することになったけれども、あなたとは人対人としてのつきあいをしたい」と話します。

すると、「この人になら話しても大丈夫」という安心感が生まれるのか、心をオープンにして、自分のことを話してくれるようになります。中には、涙ぐみながら、「実は誰にも話したことないんですけど……」と、胸にしまっていた思いを打ち明けてくれる人もいました。

そして、話をしていく中で、彼／彼女が目を爛々《らんらん》と輝かせながらエピソードを語る瞬間に出会います。そのとき、「あぁ、この人はこんなシーンで『楽しい』と感じるんだな」「こういう役割を担ったときにイキイキとするんだな」ということがわかります。

「あなたは、どんなときにモチベーションが上がるの？」とストレートに聞いてみても、「さぁ、どうなんでしょう」と言葉を濁す人も多いでしょう。けれど、それは本人も気づいていないだけ。実体験のエピソードを話しているときの表情や声のトーンを観察してみれば、その人の「モチベーションの源」が見えてくるものです。

そうした「モチベーションの源」を刺激するような役割やテーマを与えることで、その人の中にある「やる気の火ダネ」を燃え上がらせることができます。具体的には、後の項でお話ししましょう。

● POINT

「目を輝かせてイキイキと語るエピソード」で
その人が大切にしていることがわかります。

立場の上下にかかわりなく、「人同士」というスタンスで接する

彼／彼女の価値観を探るためには、先ほども少し触れたとおり、「人として対等に接する」ことが大切だと、私は思っています。

上司として「威厳を示さなければ」という意識で部下に接している方々も多いと思いますが、それはときに自分の視野を狭めてしまうことになるのではないでしょうか。

新入社員は、上司である自分より経験が浅いのは明らかですが、新人には新人にしか見えない視界があります。新人だからこそ、気づけることもある。そういう点で、私は彼／彼女らに尊敬の念を抱きます。

彼／彼女らと目線を合わせることで、どんな感じ方、とらえ方をしているのか、共感することができます。共感することで、安心感、信頼感が生まれ、より本音を話しやすい関係が築け

るのだと思います。

上司対部下といった「立場」が信頼関係を作るのではありません。そうだとしたら、上司が上司ではなくなったとき、その関係は瞬間的に消えることになります。

立場を超えた信頼関係を作るのは、「人」としての思いを共有することにあると、私は考えています。

● **POINT**

相手の目線に合わせ、
「共感」することで信頼関係が深まります。

「わかりにくい」メンバーは、周辺から情報収集する

後輩の指導や部下のマネジメントを担う中では、「どう接したらいいものか」「どうも扱いにくい」というメンバーに出会うこともあるかと思います。

私がマネージャーを務めていたチームの中では、A君がそういう存在でした。頭がよくて仕事はできるのですが、何を考えているのかがつかめない。口数が少なく、自分をアピールすることもなく、どこか斜に構えている――。そんなタイプです。

彼が私のチームに加わったのは、異業種から転職してきて8ヵ月が過ぎた頃。後で聞いた話によると、当時の彼は、前の会社とのカルチャーギャップに戸惑い、「この転職は失敗だったのではないか？」と思い悩んでいたそうです。つまりは、会社に対して心を開いていない状態だったようです。

A君とは、他のメンバーと同様、1対1の面談も行いましたが、自分のことを積極的には語ってくれませんでした。面談の場でつかみ切れなかった部分を日々の様子から探ろうにも、私は「プレイングマネージャー」という立場であり、日中は自分のクライアント企業を訪問、あるいはメンバーの営業同行でほとんど外出したきりです。しかも、育児中のため、時短勤務制度を使っており、毎日17時遅くとも18時には退社。A君の普段の様子をじっくり観察できる時間はありませんでした。

そこで私は、他のメンバーからA君についての話を聞きました。

これは、A君のことに限らず、メンバー同士がお互いにどう思っているかを把握するために、意識的に行っていたことです。上司と部下の関係の中ではわからないような、私の視点だけでは気づけないようなことを、その人の素顔を知るために、メンバー同士の間でのエピソードを聞き出していたのです。

メンバーたちの話から、私はA君の優しい人柄を知ることとなりました。彼は若手メンバーから相談を持ちかけられたとき、自分の仕事を後回しにしてでも、時間を割いてくれるのだそうです。ふつうなら「今、バタバタしているから後で」「空いた時間に」となるような場面でも、自分の仕事の手を止めて、話を聞いてくれるというのです。

その後、つきあっていく中で徐々にわかっていったのですが、彼は自分の評価よりも、人間関係を大切にする人でした。自分のことを知ってもらったり、よく見せるためのアピールは苦手なので、組織の中では埋もれてしまいがち。損をするタイプですが、人を思いやる気持ちが誰よりも強かったのです。

A君のケースを経験したことで、人の本質を見極めようとするなら、自分一人の視点だけでは足りないということを実感しました。

さて、周囲から「わかりにくい人」と思われていたA君ですが、後に最年少で部長のポジションを任せられるまでに成長を遂げました。何が彼の転機となったのか、次の章でお話しします。

● POINT

「彼／彼女はよくわからない」のまま放置せず、さまざまな人の目から見たその人を知りましょう。

自分自身を知ってもらうためのプロフィール資料(PowerPoint)

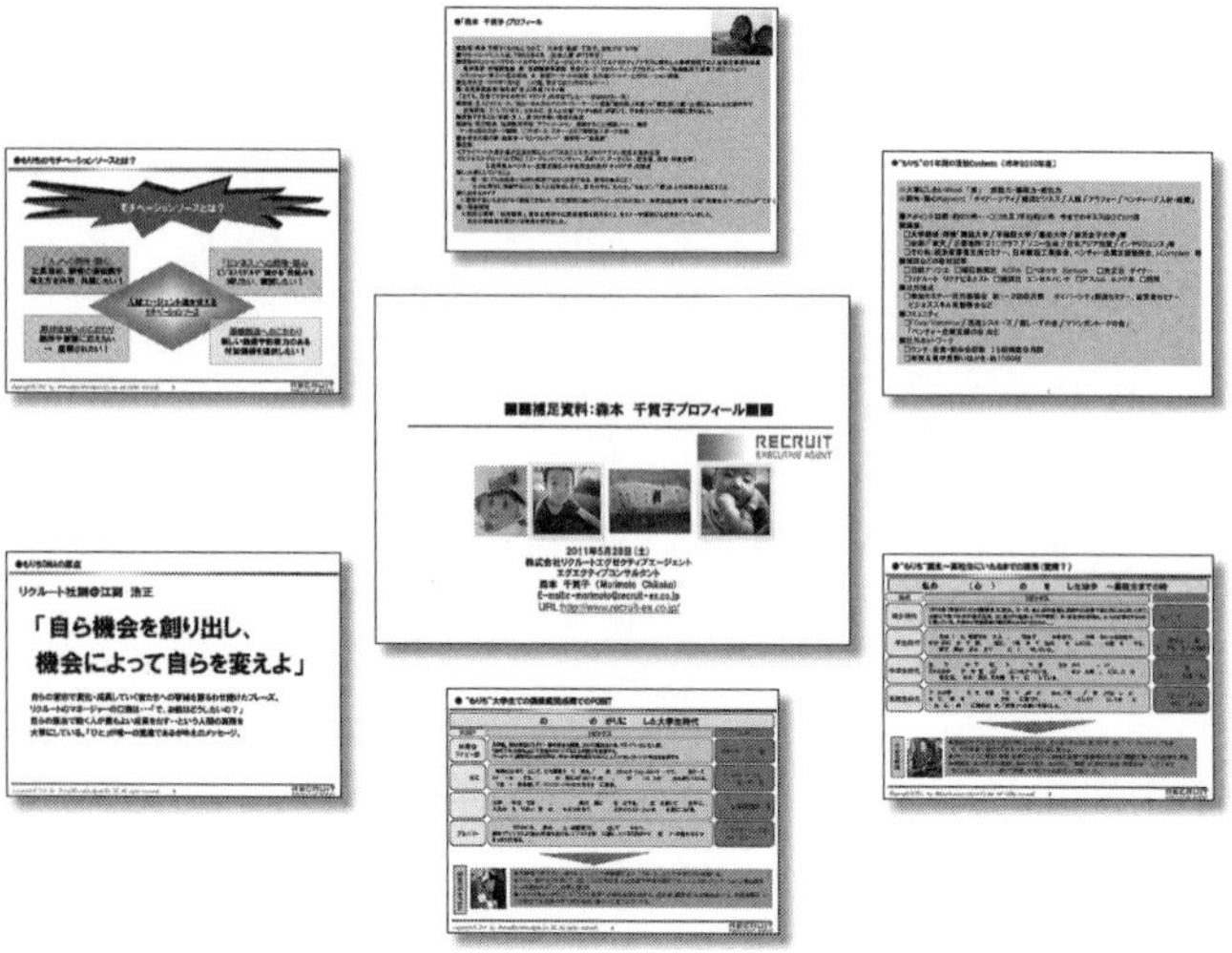

森本千賀子(もりち)研究(Excel)

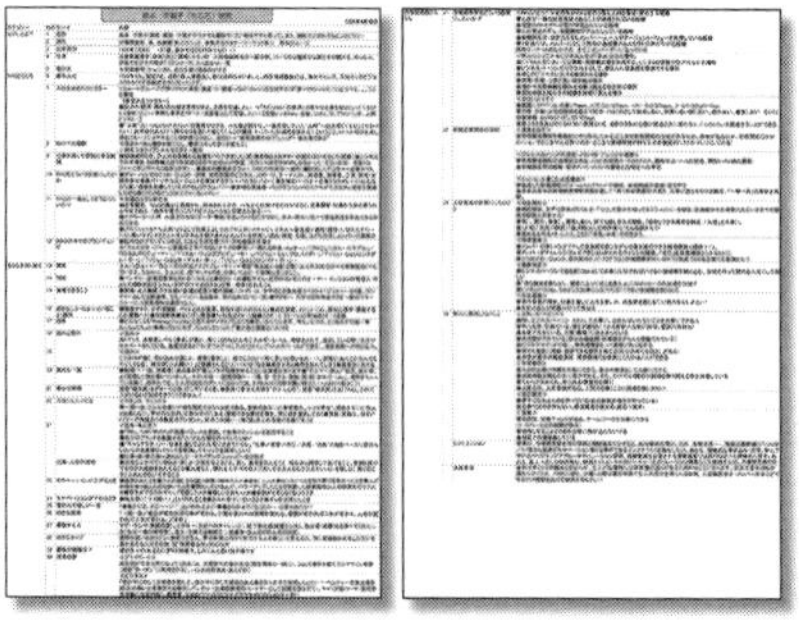

相手に心を開いてもらうには、まずは自分を知ってもらうことから。パワーポイントやExcelで自分自身の生い立ち、考えをまとめ、メンバー、そしてお会いする方々に理解してもらいます。これらの資料は定期的に更新することで、自分の現在の立ち位置などもわかり、目標設定にも有効です

第５章

「やる気」に火をつけ、大きく燃え上がらせよう

彼／彼女の強みが活かせるチャンスを作り、提供する

人は誰でも、「やる気（本気スイッチ）」の火ダネを持っています。

その火ダネは、自分が大切にしている価値観に沿った仕事にめぐり合うこと、自分の「強み」「得意」を活かせるチャンスを得ることで、一気に燃え上がります。

彼／彼女の価値観、強み、個性を尊重し、最大限に活かすチャンスを提供することが、マネージャーとしての私の役割だと考えてきました。

さて、前の章でお話ししたA君の場合、自分が業績を上げて高い評価を受けるよりも、「人とのかかわりを大切にする」という価値観を持っていました。また、何か仕事を頼んだ際には、朝までかかってもやり遂げる責任感も持ち合わせていました。

彼の潜在能力、可能性を感じた私は、彼にチームリーダーのポジションを任せることにしました。当時、私のグループのメンバーは17人。1人で全員に目を配るのは非常に難しい状況で

した。そこで、2つのチームに分けて、それぞれにリーダーを置くことにしたのです。そのうちの1人に、A君を指名しました。

人をぐいぐい引っ張っていくようなリーダー像とはかけ離れてはいましたが、周囲も彼の持ち味を理解しつつある中で、納得感を持ってそのポジションを任せてみました。

その結果、彼は、リーダーという立場に立ったことで、メンバーへの思いやり、面倒見のよさ、責任感の強さなど、本来の持ち味を十分に発揮してくれたのです。そして、メンバーもそれに応えるように、決して器用ではないリーダーを「自分たちが支えなければ」という意識で行動しました。

「やれば響く」というおもしろさに目覚めたA君は飛躍的に成長し、今では部長職のポジションで活躍しています。

他のメンバーの例もご紹介しておきましょう。Mさんは、自ら率先して動くタイプ。新しいアイデアを考えて提案するとき、目を輝かせる女性です。もともとは私のアシスタントとして採用しましたが、「営業をやってみたい」という彼女自らの主張により職種転換を実現させました。そんな彼女には、「グループ会で取り上げるテーマの原案を考える」という役割をお願いしました。会議のテーマはグループのメンバー全員で話し合って決めるのですが、そのタタキ台となるテーマリストを作ってもらい、会議でテーマを絞り込んでいくにあたっての仕切りまで任せました。

彼女にとってやりがいのある仕事なので、メンバーにプレゼンするときの表情もイキイキとしています。メンバーたちも、そのテンションに引っ張られ、議論の活性化につながりました。

Mさん自身の向上心もさらに高まり、その後、数回の転職を経て貴重な経験を積み、現在はキャリアカウンセラーとして独立し、セミナー講師なども引き受け活躍しています。

● POINT

価値観にフィットする役割を担うことで、人は本来の強みを発揮できるものです。

新人の育成は、「細かく管理」より「自由にやらせてみる」

これまでお話ししたのは、ある程度の経験年数を積んだメンバーのケースですが、社会人になりたての新人の場合、価値観や志向に合った役割を担う前に、まずビジネス活動の基礎から身につける必要がありますよね。

さて、皆さんが新人の育成を行うとしたら、次のどちらの方法を取るでしょうか？

【1】きっちり管理タイプ

例えば営業職の場合、「アタック先のリストアップを〇件」「アポ取りの電話がけを〇件」「訪問を〇件」など、日〜週単位で目標設定し、達成状況を逐一チェックする。達成できていなければ、「なぜできなかったか」を分析し、次の課題を設定する。

【2】ある程度放任タイプ

最終的に目指す目標のみ設定し、やり方は本人に任せる。あまり細かな管理、チェックは行わず、明らかに方向性が間違っているとき、相談を受けたときのみアドバイスをする。

2つのうち、「どちらが正しい」ということはありません。

「【1】のやり方で管理しなければ、新人は甘えてしまう」という声もあります。それももっともな意見だと思います。組織の状態や、メンバーの性格タイプによっては、有効な方法といえるでしょう。

ただ、私の場合は、【2】の方法を取ってきました。他のリーダーやマネージャーから「甘いのでは」と言われることもありましたが、まずは本人が思うとおりのやり方でやらせてあげたかった。それによって、仕事を「楽しい」と感じる気持ち、「やりたい」と思う気持ちを気づかせることができると思ったからです。社会人としてのスタートは、まず「仕事っておもしろい」という意識を根づかせることが大切だと思うのです。

上司から細かく指示を与えられれば、「それさえこなせばいい」という意味で、安心感はあるでしょう。しかし、「ワクワク感」は生まれないと思うのです。

ワクワク感は、与えられた目標を飛び越え、その先を目指すモチベーションにつながるので大切なことなのです。

新人時代に私のグループに配属されたメンバーのうちの一人は、のちにリクルートエージェント（現リクルートキャリア）の大勢の営業マンの中でのＭＶＰ（Most Valuable Parson）の常連となりギネスも作ったほど。ほかにも大手クライアント企業に転職したり起業したりと、各人が自分らしいビジネス人生を送っています。

● POINT

自由度が高まれば、ワクワク感が生まれます。
仕事を「楽しいもの」と感じられるようになります。

メンバーの営業同行では、途中で口をはさまない

私は営業グループのマネージャーでしたので、メンバーが既存または新規顧客を訪問する際、同行することもよくありました。

その際には、メンバーと顧客の対話にあまり口をはさまず、本人のいつもどおりの進め方を見守るように心がけていました。

印象深かったメンバーの一人に、K子という女性がいます。ある新会社の立ち上げに際して採用プロジェクトの受注を目指していた折、出資元である大手企業の経営企画室長にアポイントが取れました。K子の「ちかさん、一緒に行ってください」という依頼に応じ、その場に同席したのです。

K子は、相手が誰であれ、物おじせずに堂々と話すタイプ。ときに、自分の思いが先走ってしまうこともあります。この日も、「生意気」「無礼」と受け取られかねない発言が飛び出しました。

しかし、私は、その場でたしなめることはせず、そのまま黙って聞いていました。もちろん、相手が怒る様子が見えれば、すぐに制止してフォローしたでしょう。しかし、その室長は度量の広い方で、半ば呆れながらも「まだ若いから」という目で許容してくださっているのがわかりました。結局、K子が言いたいことを言い切り、聞きたいことを聞き終わるまで、私はあいづちを打つだけにとどめました。

営業同行の場面では、もちろん、途中で口をはさみたくなる場面も多々あります。「ここで、この質問を！」「今の話、もっと深掘りすればいいのに！」などなど、もどかしく思う場面もありますが、私が聞きたいこと、言いたいことはすべて後に取っておいて、最後まで、メンバーが自分のペースで進められるようにしていました。

当然ながら、私が随所で助け舟を出した方が、商談は効率的かつスムーズに進むでしょう。けれど、あえてこうするメリットは、大きく分けて2つあります。

【1】彼／彼女が、普段どのようなスタイルで顧客と接しているか、営業を展開しているかを把握できる。実情を理解した上で、適切なアドバイスができる。

【2】彼／彼女自身、「自分のやり方、考え方でやり切った」という納得感があるため、それに対しての評価やアドバイスを素直に受け入れられる。

上司と一緒だと、「いいところを見せなきゃ」と背伸びしてしまったり、「重要な場面は上司に任せた方がいいから、自分はしゃべらないでおこう」と遠慮してしまうのはありがち。それを防ぐためにも、なるべく普段どおりの姿で進められるようにしたいと考えたのです。

そして、【2】はK子自身の証言メッセージです。後々、K子が言うには「話を遮られることなく言いたいことを言い切ったから、自分の中では満足できていました。だから、後で注意されたことも、素直に受け止め、反省することができたんです」とのこと。

とはいっても、最初から最後までじっと見守っているだけでは、訪問を受けた側にとっては私が同席するメリットがありません。

ですから、彼／彼女の仕切りで商談をひととおり終えた後で、私なりの視点で感じる意見を述べ、提案をします。そこで、相手に新しい切り口での視点や情報を提供できたり、「なるほど」と納得していただければ、「この上司がついているなら大丈夫」という安心感を持ってもらえて、次につながる形で訪問を終えることができます。実際、先ほどの室長も、後からお聞きしたところによると「森本さんという上司がバックにいるなら安心」と思っていただけたとのことでした。

なお、その大手企業からは求人をご依頼いただくことになり、約7年程度を経た今でもおつきあいが続いています。K子は、その室長に結婚式に出席していただくまでに、信頼関係を築いたのでした。

● POINT

まずは、自分のやり方を全うすることで、未熟な部分を素直に認め、改善することができます。

叱責しない。失敗をとがめない

私は自分が担当するグループのメンバーを「叱る」ということが、ほとんどありませんでした。

そもそも最近の若い世代は、子どもの頃からあまり叱られずに育ってきている人が多いと感じます。叱られることに対する免疫力が弱そうなので、不用意に叱ることで思いがけないダメージを与えてしまうかもしれない。そこで、「ほめて伸ばす」ことに重点を置いてきました。

また、失敗に対して、とがめたり責めたりすることもしないようにしました。ちょっと慌ててしまったり、カン違いしたり……は誰にでもあること。悪気があってやっているわけでないなら、責めても仕方がないと思うのです。

以前、私の営業アシスタントを務めてくれていたKちゃんが、最近、こんな思い出話をしてくれました。

「以前、私が2件のアポイントを同時間帯に入れてバッティングさせてしまったことがありましたよね。どちらも大事な案件だったので、気づいたときは血の気が引く思いでした。かなり叱られることを覚悟したんですけれど、ちかさんは『大丈夫。なんとかするから』としか言わなかったですよね。感情的に叱ることもなく、ましてや『気をつけてよね』とすら言われなかった。私、叱られなかったことで、叱られるよりもむしろ深く反省したんですよ。さらに強く、責任を感じるようになりました」

私にとっては、「そういや、そんなこともあったかな」くらいの記憶でしたが、彼女の心の中には鮮明に残っていたようです。

なぜ、あのとき、私は怒らなかったのか。おそらく、「ミスを招いてしまったのは、私の方に原因がある」と考え、むしろ自分が反省していたのです。なぜミスが起きたのか、再発を防ぐためにはどうすればいいのか。私がもっとケアしていれば……と。

そして何より、まず自分が考えて実行し、問題解決にあたることが先決だと思うのです。そして、それをメンバーとも共有します。

共有すれば、「あーあ、叱られちゃった」「嫌なことは早く忘れよう」と、ミスが一過性のものになることなく、次の成長へとつながると思います。

● POINT

「叱られなかった」ことで、より心に強く残り、反省と成長につながることもあります。

「失敗してもいい。私が守る」というスタンスを見せる

私がメンバーの失敗をとがめたり責めたりしないのには、もう一つ理由があります。メンバーが失敗を恐れ、チャレンジをしなくなることを防ぐためです。

これも、先ほどのKちゃんの言葉なのですが……。

「自分が『許容されている』という安心感があったから、新しいことにチャレンジしてみよう、という気持ちになれました」

確かに、組織の中で働いていると、「失敗したり反対にあったりするのは怖いから、余計なことはしないでおこう」という自己防衛に走ってしまうことがあると思います。

そこで私は、「思いついたことは、どんどんやっていいよ。失敗したとしても、私がすべて責任を取る。必ず私が守るから」というスタンスでメンバーに接していました。

「リスクマネジメント（危険を最小限に抑える管理運営方法）」という観点でいえば、私にはそれが欠けていたのかもしれません。

けれど、人間、「これはやめておこう」「これは避けておこう」と考えるときと、「こういうふうにやってみよう」「これを試してみよう」と考えるときを比べてみれば、体内に分泌されるアドレナリン（心拍出力の増大などの作用をもつホルモン）の質が異なっているのではないでしょうか。後者のほうが、きっと心地よいし、楽しい。やりがいにつながると思うのです。

実際、アシスタントのKさんは、私から指示したり頼んだりしなくても、自分で仕事を見つけて行動してくれていました。日常的なルーティン業務以外で、いただいた名刺の整理、新規取引先担当者のメールアドレスの登録、訪問先から次の訪問先に移動する際の交通手段を調べておくなど、「これを私（Kちゃん）がやれば、ちかさんが楽になる」ということを自分で考えて、実行してくれたのです。

私が17名の組織マネージャーだった際には、2名の新入社員が配属、そのマネジメントも任されました。

2人は先輩たちに気後れし、グループ会などの場でもなかなか発言が出ませんでした。

そこで、「新人だからといって遠慮することはない。誰もが通ってきた道。新人だからこそできることを考えみたら……」と、テーマだけ伝えて彼らの出方を待ってみたのです。

彼らは自分たちなりに一生懸命考えました。結果、同じ営業部門内の新人を集め、自分たちが学びたいこと、教わりたいことを抽出し、勉強会の企画を考え出しました。講師には、その業務を最もよく理解しているであろう先輩を指名して実施。彼らの視点はユーザー目線でもあり、非常に新鮮でもありました。我々マネジメント陣にも「そんなことを教わりたいんだ、学びたいんだ」と新たな気づきをもたらしてくれました。

アサインされた先輩たちも張り切らざるを得なくなり、部内全体が活性化した記憶があります。

マネージャーが、「失敗を許す、受け入れる」というスタンスを持つことで、メンバーの成長が促進される。「指示だけこなす」のではなく「自走できる」メンバーが育つことで、マネジメントも楽になる（いざというときに責任を取るという覚悟は必要ですが）と感じています。

● POINT

「許容されている」という安心感が、
次のチャレンジへつながります。

見過ごせない態度には「叱責」ではなく、「意見を伝える」

もちろん、メンバーの言動すべてを許容すればいいわけではありません。正すべき場面では、しっかりと正す必要があります。例えば、信頼を裏切ったり、誠意に欠けていたり、「それって、人としてどうなの？」という言動は見過ごすわけにはいきません。

ただ、それを指摘する際には、人目にさらす形にはしないように気をつけています。会議室で、あるいはお茶や食事に誘うなどして、1対1で話をします。

感情的に批判したり責め立てることはせず、淡々と「自分の考えを伝える」というスタンスで向き合います。

感情に任せた怒りには相手も過敏に反応し、反発心を抱くかもしれませんが、冷静に意見を述べることで、相手も素直に受け止めやすくなり、咀嚼《そしゃく》しながら考えられると思うのです。

「自分に甘いタイプ」には、重大な役割を与える

叱らない。失敗を許容する。それによってメンバーの自主性や積極性を伸ばす。それが、基本的な私のマネジメントスタイルです。

けれど、メンバーのタイプによっては、それがいい効果につながらない、むしろ逆効果に作用してしまうこともあると思います。

例えば「自分に甘い」タイプ。叱られないことに安心し切って、自分を甘やかしてしまう人も少なからずいるでしょう。

私のグループのメンバーでは、Tさんがそれに近いタイプでした。

能力がないわけではないし、不真面目というわけでもない。ただ、「そこそこでいいや」という考えで、一定レベル以上の努力を避ける傾向が見られました。

私は、Tさんの「そこそこ主義」は根っからのものではなく、「まだ本気で何かに取り組んだことがない。その快感を知らないだけ」と考えました。そこで、たまたま紹介を受け、今後大きなビジネスに発展する可能性のある案件を、あえて彼に任せてみたのです。

これが、彼の「本気スイッチ」が入るきっかけとなりました。

その案件については、私も伴走し、必要に応じて手を差し伸べはしましたが、基本的には彼のやり方に任せて見守りました。彼の責任意識、お客さまに対する姿勢や行動は、これまでには見られないほど頼もしいものでした。何より、表情が輝いていました。そして、そのお客さまとの取引を成功させ、見事に信頼関係を築いたのです。

その後の異動で彼とは所属が分かれましたが、何年か後に連絡があり、「転職します」という報告を受けました。転職を決断した経緯と今後のビジョンを聞くと、その転職は「前向きなチャレンジ」であることがわかりました。大口顧客を担当し、社内でも高い評価を得ていた彼が、あえて新しいステージに立ち向かう決意をしたのです。

Tさんは、転職の報告とともに、私にこんなメッセージをくれました。

「以前の私は、『目標達成は１００％でいい。わざわざ１１０％、１２０％を目指す必要はない』というスタンスでした。でも、あの案件に取り組んだ際、自分の能力の限界までやり切ってみることの大切さを学んだのです。それによって得られるものの大きさ、達成感の心地よさも知ることができました」

目標を１００％達成していれば、組織の一員としては十分役割を果たしているといえるでしょう。けれど、それを超えてプラスαを目指すとき、その人に中に眠っている底力が発揮され、大きな成長につながります。

そんなきっかけを見い出すのも、マネージャーの役割だと思うのです。

● POINT

きっかけを与えれば、
意識や行動は変えられます。

ターニングポイントで、メッセージを送る

4章でも述べましたが、私は、自分自身がクライアント企業と売上目標を抱えながら、メンバーのマネジメントも行う「プレイングマネージャー」でした。多くのプレイングマネージャーは自身も外で営業活動を行っているだけに、「メンバーの動きや状況をいかに把握するか」という課題を抱えているのではないでしょうか。

しかも、私は育児の真っ最中で、時短勤務制度を利用していました。夕方は17時、遅くても18時には退社。それまでに仕事を終えるため、朝は7時頃に出社。メンバーが出社する時間には、私はすでに営業に出ていて、夕方はメンバーが営業から帰る前に退社する、ということもよくありました。ですから、メンバーと共有できる時間、メンバーのことを観察できる時間は、一般的なマネージャーと比べると格段に少なかったのです。そこで、限られた時間の中でコミュニケーションを取れるよう、工夫する必要がありました。

そのために、よく利用していたのが「一筆箋」です。

本人に何らかの出来事が起きたとき、メッセージを書いて渡すのです。例えば、受注や目標達成などのお祝い事には「おめでとう！」「やったね！　すごいね！」。何か悩んでいるのかな、ちょっとへこんでいるみたい……などと気にかかったときなどは、「いつでも相談に乗るよ」などの言葉がけをします。

もちろん、メールでメッセージを送ることも多かったのですが、本人にとって大切なターニングポイントとなるようなタイミングでは、手書きの一筆箋という方法を選択していました。その方が心に残り、その出来事をよりしっかり受け止めて考えられると思うのです。

同時にそれは、「何かあったら、真っ先に相談してほしい」という、私からのメッセージでもありました。

一時期、特に気にかけていたメンバーの一人がSさんでした。他部門から異動してきたばかりの彼女は、新しい業務をキャッチアップしなければならない上、他のグループメンバーよりも社歴が長かったことから、リーダー的な役割も担う立場にありました。仕事で大きなプレッシャーがかかっていました。

そこで、彼女の中で「コップの水があふれる」前に私に相談しようと思ってくれるように、折に触れ一筆箋でメッセージを送り続けていました。実際、彼女は煮詰まったときには、私にシグナルを発してくれました。その都度、同じビル内にあるカフェで30分から1時間程度話をし、頭の整理をして、心を落ち着かせたものです。

最近になってSさんの話を聞く機会があったのですが、彼女が言うには、「普段、顔を合わせて話す時間がなかなか取れませんでしたが、朝出社したとき、デスクに一筆箋が置かれていると、『ちゃんと見守られているんだな』と感じました」

……とのこと。

メンバーが重大な局面に立ったとき、マネージャーを「頼れる存在」と思えること、すぐに相談しようという発想になることが大切だと思います。そのためには、メンバーが「ちゃんと見守られている安心感」を持てるようにするべきなのではないでしょうか。

私の一筆箋は「いつも見てるよ」を伝えるのに、役立っていたのだなと思います。

また、メンバーが「見守られている安心感」を持てれば、それは「がんばれば評価される期待感」にもつながります。

私たち転職エージェントには、転職を考える方々が相談に訪れますが、その動機として「ちゃんと評価されていない」という不満も多く見られます。特に、顧客先に単独で派遣され、常駐するスタイルで働いている方などの場合、「自分の仕事ぶりを見ていてくれる上司がいない。正当に評価し、真剣に指導してくれる存在がいない」という不満から、モチベーションを保てなくなるケースがあるようです。

こういったことは、前述の企業でなくても、同じ職場で働いている上司と部下の関係においても起こり得ることではないでしょうか。「上司は自分を見ていてくれる」。そう感じられれば、上司の期待に応えたいという意欲が湧いてくるものだと思います。

● POINT

「見守られている」という安心感が、「評価されるようにがんばる」というモチベーションにつながります。

「声がけ」と「メール」、場面に応じて使い分ける

もちろん、メンバーへの一筆箋の発信手段は、手書きのカードに限りません。

直接の声がけもしますし、メールも使います。話しかけるか、メールを送るかは、場面に応じて使い分けました。口で言えば、その瞬間には響きますが、後に残りにくいことも多いと思います。そこで、心に留めて、深く考えてもらいたいと思うときには、文章の形にしてメールを送信しました。メッセージを受け止め、自分の中で消化していくというプロセスを踏んでもらうためには、やはり文字で残り、何度も読み返せるメールが適しています。

複数のメンバーやグループ全員に課題を共有してもらいたいときも、やはりメールで同時配信するのが有効です。

そして、手段以上に気をつけているのが、メッセージを送るタイミングです。

先ほども、「一筆箋を送るのは、その人にとってのターニングポイントで」とお話ししましたが、

タイミングはとても重要だと思っています。

メンバー一人ひとりへの声がけを意識しているマネージャーさんは多いと思いますが、「自分の手が空いたとき」「気が向いたとき」「ここ数日あいつと話してないな、と気づいたとき」といったように、自分自身のタイミングで行うケースが多いのではないでしょうか。

そこを、少し意識して「相手のタイミング」に合わせることで、声がけの効果は大きく高まると思います。ちょっとした成果を挙げたとき、何か問題に取り組んでいるときなど、本人が「注目してほしい」「気にかけてほしい」と思っていそうなタイミングを逃さず、声をかける。それが、「見ていてくれている」「わかってくれている」という信頼感につながるはずです。

● POINT
メッセージ発信は、適切な「手段」と「タイミング」を選ぶことで
何倍にも効果が高まります。

功績を讃えるときは、周囲も巻き込んで

メンバーの「本気スイッチ」が入ったら、さらに大きく燃え上がらせるために、「ほめるチャンス」は逃さず、活かしたいものです。

大きな案件を受注したり目標を達成したりと、メンバーに「おめでとう」を言う機会に恵まれたとき、私はフロア中に響くような大声を張り上げて言っていました。もともと声は大きいほうなのですが、さらに意識的に張り上げます。周囲にいる全員が「え、何かあったの？」と注目するくらいに、場を盛り上げたのです。

また、他のグループのマネージャーや事業部長のところに引っ張っていって、彼／彼女の成果を報告することもよくやりました。私は、日常から小さなこともこまめにほめるようにしていましたが、ほめられることに慣れると、その価値が薄れてしまいます。

ですから、ここぞという場面では、普段接点が少ない、さらに上のポジションの上司からほめてもらうことで、メンバーがその快感をより深く味わえるようにしたのです。

また、部のメンバー全員に向けて発信するメールでも、彼／彼女の成果を報告。このように、功績が少しでも多くの社員に知れ渡るように意識しました。

より広い範囲から評価や賞賛を受けることで、達成感がより高まり、「次も」というモチベーションアップにつながると思います。

● POINT

多くの人から認められるように誘導し、達成の喜びをより大きなものに。「もう一度味わいたい」という気持ちが、次への意欲につながります。

「グッド・プラクティス」を見逃さない

しかし、すべてのメンバーが「おめでとう」と讃えられるような成果を挙げられるとは限りません。たとえ本人ががんばっていても、数値目標の達成や大型受注など、誰の目にもわかりやすい成果につながらないこともあります。

そんなときは、日々の中に埋もれている「グッド・プラクティス」に注目します。つまりは、「優れた取り組み、行動」といったこと。また、それらの努力によって得られた小さな成果です。

例えば、次のようなものです。

- 大型ではないものの、過去にあまり見られない特殊案件を受注した
- お客さまからお礼のメールをもらった
- お客さまから「接待」として食事のお誘いをいただいた
- お客さまから、別のお客さまを紹介していただいた

これらの出来事は、営業担当として顧客からの信頼を得ているという事実、信頼を得るまでに努力をしたという事実の証明といえると思います。ささいなことですが、それを見逃さず、ほめるようにしていました。

しかし、「ささいなこと」であるだけに、マネージャーがその出来事を知るのはなかなか難しいところでもあります。

例えば、お客さまからお礼を言われたとしても、多くの場合は自分の中だけで「うれしかった出来事」としてとどめておくことでしょう。親しい友人や家族相手なら、「うれしいことがあってさー」などと雑談がてら話すかもしれませんが、上司に対しては「わざわざ報告することでもない」と考える人がほとんどではないでしょうか。

そこで私は、オフィスにいる間も、メンバーがちょっとしたことを気軽に報告できるような空気を作るよう、心がけていました。

もちろん、事務作業はいくらでもあるのですが、パソコンのキーボードを叩きながらも、「いつでも話しかけていいよ」「雑談もＯＫだよ」という、余裕の雰囲気を出すようにしていたのです（私が残業や休日出勤など、一人きりで仕事に集中している姿を偶然目撃したメンバーからは、「みんながいるときの顔と全然違いますね」なんて言われたこともありました）。

私も新人時代に経験したのですが、上司が緊迫した雰囲気で業務に集中していると、相談したいことがあっても、「今話しかけたら迷惑そうだな。今日はやめておこう」と思うものです。ちょっとした出来事を報告したくても、「忙しいときに、こんなつまらないことを言ってもな……」と、遠慮してしまいます。

そんなふうにメンバーの状況を知るチャンスを逸してしまうことは防ぎたかったので、みんながいる間は、「ちかさん、ちょっと聞いてくださいよー」と気軽に近寄って来られるように「門戸を開放」していました。

もちろん、そのようにすると「ちょっといいですか」が次々と押し寄せてきて、自分の業務はほとんど前に進みません。雑用程度は片づけられても、企画を立てたり、熟考が必要な仕事はできません。

ですので、日中～夕方は「考える仕事はしない」と割り切ってしまいます。早起きをして、朝7時～7時30分には会社に到着。10時までには事務的な仕事の7割を終えるようにしました。

10時以降は、クライアント企業を訪問。帰社後～退社までに行う事務作業は軽微なものにとどめ、メンバーと話をする時間として活用したのです。

重要な仕事のほとんどを朝のうちに済ませておくことで、午後は気持ちにゆとりが生まれます。メンバーからの発信を、余裕を持って受け止めることができるというわけです。

ちなみに、その後、次男が生まれたことから時間のやりくりをさらに追究し、今では朝3時に起床。1時間～2時間ほどで家事を済ませた後、7時頃まで仕事に集中しています。早朝は頭も冴《さ》えるので、仕事もはかどり、いいサイクルを生み出していると感じています。

● POINT

「ウェルカム」のムードを作ることで、メンバーがちょっとした報告をしやすくなります。上司が「よかったね」と一緒に喜んでくれることが、モチベーションアップにつながります。

メンバーに「グッド・プラクティスとは」を日々意識させる

このようにして私は、メンバーとの日々の会話から「グッド・プラクティス」を拾い上げていたのですが、個人的にほめるだけではなく、朝礼や会議などの場で、それを披露させるようにしていました。

日本人には「謙虚さ」「奥ゆかしさ」を美徳とする精神が根づいているせいか、自分の成果を堂々とアピールする人が少ないように思います。

人事評価システムの一環で、四半期ごとに自分の成果を申告書に書いて上司に提出する機会もあるのですが、最近の若いメンバーはあまり多くを記入しません。

しかし、成果を挙げていないわけではなく、自分では「成果」だと認識していないこともあるのです。そこで、それは「グッド・プラクティス」として自慢していいことなんだよ、と気づかせてあげるようにしていました。

「それってすごいじゃん！」『よくがんばったね！」ということを発見したら、他のメンバーに向けても発信。そうすることで、それを聞いたメンバーの側にも、「それは自慢になることなんだ」という気づきが生まれます。

さらに、「自分には自慢できることがあったかな」をあらためて振り返ることで、自分自身が「自然にがんばれること」を認識することができます。つまり、自分の「本気スイッチ」の発見につながるというわけです。

● POINT

「自分が誇れるもの」を常に意識することで、「本気スイッチ」が入りやすくなります。

メンバーに渡してきたメッセージ集

2人目の産休に入るタイミングで、これまでメンバーに送信してきたメッセージを1冊の冊子にして全員に渡しました。その一部を抜粋して紹介します。

2008年4月当時、リクルートエージェント（現リクルートキャリア）では、新入社員だけを集結させた組織を立ち上げ、私はそこにマネジメントという立場で配属されました。入社式のあと、その部に配属された新人たちの歓迎会をやり、そのまま帰宅後に記したメッセージです。翌早朝に、約1ヶ月間こもって集合研修をやる会場に足を運び、みんなの机の上に置いておいた思い出深いメッセージをご紹介します（※文中の「リクルートエージェント」は旧社名であり、現在の社名は「リクルートキャリア」です）。

親愛なる新人の皆さん

おはようございます！　今朝の目覚めはいかがですか？　昨日に続き、皆さんの門出をお祝いするような春の日差しが眩しいですね。「よしっ！　やるぞー」という気分になりますね。皆さんとのすばらしい出会いに興奮して眠りにつけず、想いがこみあげるのを止めることができずパソコンに向かっています。アドレナリンが分泌されまくり、モチベートされている自分がいました。昨日は、かなり酔っ払っていたこともあり（反省）、改めてきちんとキモチを伝えておかねばと思いメッセージしています。

昨日、多くの社員から「優秀なグループマネージャーがアサインされた部で仕事ができることはとてもＬｕｃｋｙなことだ」と言われたかもしれないですが、逆ですね。こんなすばらしいミッションを与えてもらった私たちがＬｕｃｋｙなのかもしれませんね。キラキラした瞳、まぶしかった……ものすごいエネルギーを感じました。皆さんの熱いキモチに触れ、この部門の発足がリクルートエージェントの新たな価値創造の第一歩になることを確信しました。このリクルートエージェントという場所にビジネス人生をかけてみようと思ってくれた皆さんに、ありがとう……心からの感謝の気持ちでいっぱいです。

大きな不安もあるでしょう。でもこれから始まる新たな人生への期待……そして自身の可能性にワクワクするキモチ……入社式で感じた、そして昨日の夜感じたであろうその熱い想いを忘れないでいてください。何を経験したかが大事ではなく、その経験を通して何を学んだか……。この1ヶ月　毎日毎日、たくさんの学びの機会があります。単に時間を過ごすのではなく、リクルートエージェントの存在価値、我々が存在する意味をしっかり見つめてください。本質にこだわってください。私たちは皆さんを迎える準備をして待っています。皆さんと一緒にリクルートエージェントの歴史をつくっていきましょう。

最後に……私の人生の師匠より教えていただいた心に響いたメッセージを……

「7つの習慣」スティーブン・R・コヴィー（著）より

中国の竹の種は、まいてから4年間、小さな芽が出るだけ。

何一つ成長が見られない。

その4年間、成長はすべて地面の中。

土の中に深くその根を張っているのだ。

そして5年目。

その竹は一気に25メートルも伸びるのだ。

うれしいことに、人生は中国の竹の話に似ていることが多い。

まじめに働き、時間とエネルギーを注ぎ、成長するためにありとあらゆる努力をする数週間、数ヶ月、あるいは数年間、何も成長が見えてこないときがある。

そこであきらめることなく、忍耐強く、努力を続けていれば竹のように5年目は必ずやってくるのだ。


皆さん、1年後、竹のように大きく伸びるためにもこの1年間、強くて深い根を張りましょう。われわれは、そのために太陽となり雨となり、皆さんが思いっきり成長できる環境をつくります。信じていてください。それじゃあ、今日から始まる学びの機会……がんばって！　応援しています！

２００８年４月２日　みんなの姉貴もりちこと森本千賀子より

部門が発足され、5月に本配属となり、最初に開催した部門全体会議の資料で記した私からのメッセージが次のとおりです。

改めて、リクルートエージェントへの入社をありがとう。リクルートエージェントという場所に人生をかけてみようと思った皆さんに、改めてありがとう……。皆さんとこうやって巡り合えたのも偶然ではなくて必然。この「縁」に感謝するとともに、とても大事にしたいと思っています。さあ、今日から、本格的に皆さんのビジネス人生が始まります。「よーいどん」のスタートです。どんなビジネス人生にするかは皆さん次第。

私たちは人材ソリューションを通じて多くのお客様、そして日本を元気にする使命があります。その使命を果たすために、これから立ち向かうさまざまな試練を一緒に乗り越えていきましょう。皆さんの大きな大きなチカラを信じています。

皆さんにはたくさんの同期という同志がいます。すぐ傍には熱い情熱を持った先輩・上司がいます。ここにいる83名は仲間です。同志です。志をぶつけ合い、本音で語りましょう。自分のココロを解放し、臆することなく心で感じたことをそのまんま表現してください。何を経験したかではなく、その経験を通じて何を学んだか……。単に時間をすごすのではなく、リクルートエージェントの存在価値、われわれが存在する意味をしっかり見つめ、ここにいる証を作りませんか!

この部の発足がリクルートエージェントの新たな価値創造の第一歩になることを確信しています。

一緒にリクルートエージェントの歴史を作っていきましょう!

2008年5月1日　もりちこと森本千賀子より

部門の部会議で私からのメッセージとしてメンバーに送ったものの中でぜひ紹介したいものをもうひとつ紹介します。

覚えていますか?　4月1日の入社式で決意した心意気。歓迎会での感動。翌日、私は皆さんに一通のメッセージを贈りました。例の「中国の竹」の話……みんなのアクションを待っていました。でも……想いは届かなかったのかもと勇気を出してその5日後……、

「自ら機会を作り出し、機会によって自らを変えよ」

私が入社以来、自身の行動の意識の〝軸〟にしてきた江副さんの言葉を皆さんに届けたくてメッセージにして贈りました。リクルートエージェントは「出会い」や「縁」を紡ぐ仕事。皆さん自身にもその「出会い」や「縁」を大事にしてほしかった。「学んだことのたった一つの証は変わることである」。皆さんの変化をそして進化を信じていました。

5月　本配属……ドキドキした最初の電話営業、感動の初アポ獲得！　初訪問、そして初受注！　ビジネス人生にとって最初の貴重な体験。ガチャ切りも慣れました。いつの間にか、リクルートエージェントの価値をコトバで表現できるようになりました。メールも何もかもへっちゃら。スーツ姿も板についてきました。名刺を渡す自分が誇らしくも感じる……成長の実感です。

気がつけば、部では数百社を超える企業様から受注しました。どういう意味？……そう、お客様からの期待の声。リクルートエージェントへの価値を皆さんへの価値を信じていただいた証。さあ、これから、その期待にそして価値提供に応えていく番です。まだ、皆さんを待っていただいている企業もあるでしょう。

《2Q、〇社受注／〇万円決定目標》目指す目標がとても高い山に思える人もいるでしょう。でも、私たちが目指すものは……その先にはもっともっと大きな大きなGoalがあります。もう一度、入社時に抱いたでっかいそして熱い〝志〟、奮い起こしてください。人は、経験を経て利口になります。慣れてくると最短でGoalを目指そうとしてしまう……。でも、私たちが目指すその先のでっかいでっかいGoalの達成のためには、先入観を持たず既成概念にとらわれることなく自分を開放し、果敢にチャレンジすること。成長の機会を作り出すのは自分自身。

「あなたの国家があなたのために何をしてくれるかではなく、あなたがあなたの国家のために何ができるかを問おうではないか」

J・F・ケネディ（大統領就任演説　1961年1月20日）

あなたの会社（リクルートエージェント）があなたのために何をしてくれるかを期待するのではなく、あなたがあなたの会社を通して社会のために何ができるかを考え、仕事に取り組もうではないですか！
おもしろい仕事があるわけではない、仕事をおもしろくするのは自分次第。これからは価値提供の真価が問われます。自分を信じて思いっきり、自分自身に挑戦してみてください。意識が変われば必ず自分が変わります。そんなチャレンジへの応援歌として、自信をなくしそうになったとき、くじけそうになったとき、へこみそうになったとき、想い出してほしくてメッセージを贈ります。

神様は乗り越えられない試練は与えません。

部として、そして自分自身がリクルートエージェントの歴史を刻むには、今まで以上に勇気と元気と智慧と……そして信じあえる仲間が必要です。
みんなでチカラを結集して挑みましょう！　価値創造にチャレンジです！

2008年7月4日　もりちこと森本千賀子より

HONKI SWITCH ON

グループ・組織の「本気スイッチ」を
ONにするために

第6章

「本気」を波及させて、相乗効果を高めよう

組織内での「自分の存在価値」を感じられるように

マネージャー時代の私は、メンバー一人ひとりの価値観や強みに注目し、それを伸ばすようなサポートを心がけてきたわけですが、同時に「グループ力」の強化にも注力していました。どんなスタープレイヤーでも、一人でできること、一人で挙げられる成果には限界があります。一方、「グループ」「組織」の中においては、メンバー同士がうまく相互作用することで、パフォーマンスや成果が「足し算」ではなく「掛け算」で拡大していくもの。そんなチームビルディングを目指していました。

自分のためにがんばるのは当然ですが、さらに一歩踏み込んで、「グループのために」という気持ちを持てれば、プラスαのがんばりが生まれると思います。

自分が生きる意味。存在する価値。メンバー一人ひとりが、それをグループの中で感じ、自信を持てるようになれれば、と考えていました。

「生い立ち」や「価値観」をメンバー全員で共有

先ほど、私は新しいメンバーが自分のグループに配属されると1対1の面談を行い、その人の生い立ちや価値観などを理解するとお話ししました。

それらをメンバー同士でも共有する機会を、チーム編成からなるべく早い段階で設けました。例えば、泊まりがけでの研修旅行や合宿など。チームの方針や戦略といった話し合いよりも、メンバーのパーソナリティをお互い理解し合うことに重点を置きました。

進め方ですが、事前にそれぞれがワークシートを作成しておきます。当時、リクルートエージェント（現リクルートキャリア）のいくつかの部署で取り入れて使っていたもの。学生時代まで含めたこれまでの経験、モチベーションの上がり・下がりの波などを書いてもらうものです（※176ページで見本を紹介しています）。

当日は、みんなでそれを見ながら感想を述べ合ったり、質疑応答をしたりします。

当然、メンバーの姿勢には温度差があり、自分を丸裸状態で開示する人もいれば、一部しか語らない人もいます。それも含め、お互いの価値観やスタンスをつかむことができます。

では、メンバーがお互いの理解を深めれば、どんな効果が期待できるのか。

まず、メンバー同士で厳しいことも言い合える関係が構築できます。組織内のコミュニケーションは、一筋縄ではいかないものですよね。例えば、AさんがBさんに「意見を伝えた」と言っても、Bさんに正しい真意が伝わっていなければ意味がありません。

その点、Bさんのパーソナリティへの理解があれば、「どんな切り口で伝えれば、耳を傾けてくれるか」「どんな言葉を使えば、相手の心に響くか」といったことが判断しやすくなるでしょう。「コミュニケーションの一方通行」を防ぐことができます。

彼/彼女に言いたいことがあるけれど、どんな反応が返ってくるかわからないからやめておこう……といった「事なかれ主義」がチーム内に広がることもありません。

言うべき場面で言い合うことができる信頼関係を築くことで、お互いの成長につながると思います。

私は、チームの在り方として「家族」のような関係が理想的だと考えています。家族は損得勘定抜きにして、「相手のために」という気持ちで向き合うことができます。自分を飾ったり大きく見せる必要がない、本音でつきあえる関係が築けたら、と思います。

何億人という人がいるこの世界で、同じチームで一緒に働くことになった……そんな奇跡的な偶然でもあり、必然でもある「縁」です。私はそれを大切にしたいですし、メンバーのことを家族のように思いたいのです。

● POINT

メンバー同士の理解が深まれば、コミュニケーションの質が高まります。

お互いをじっくり知るための自己紹介シート

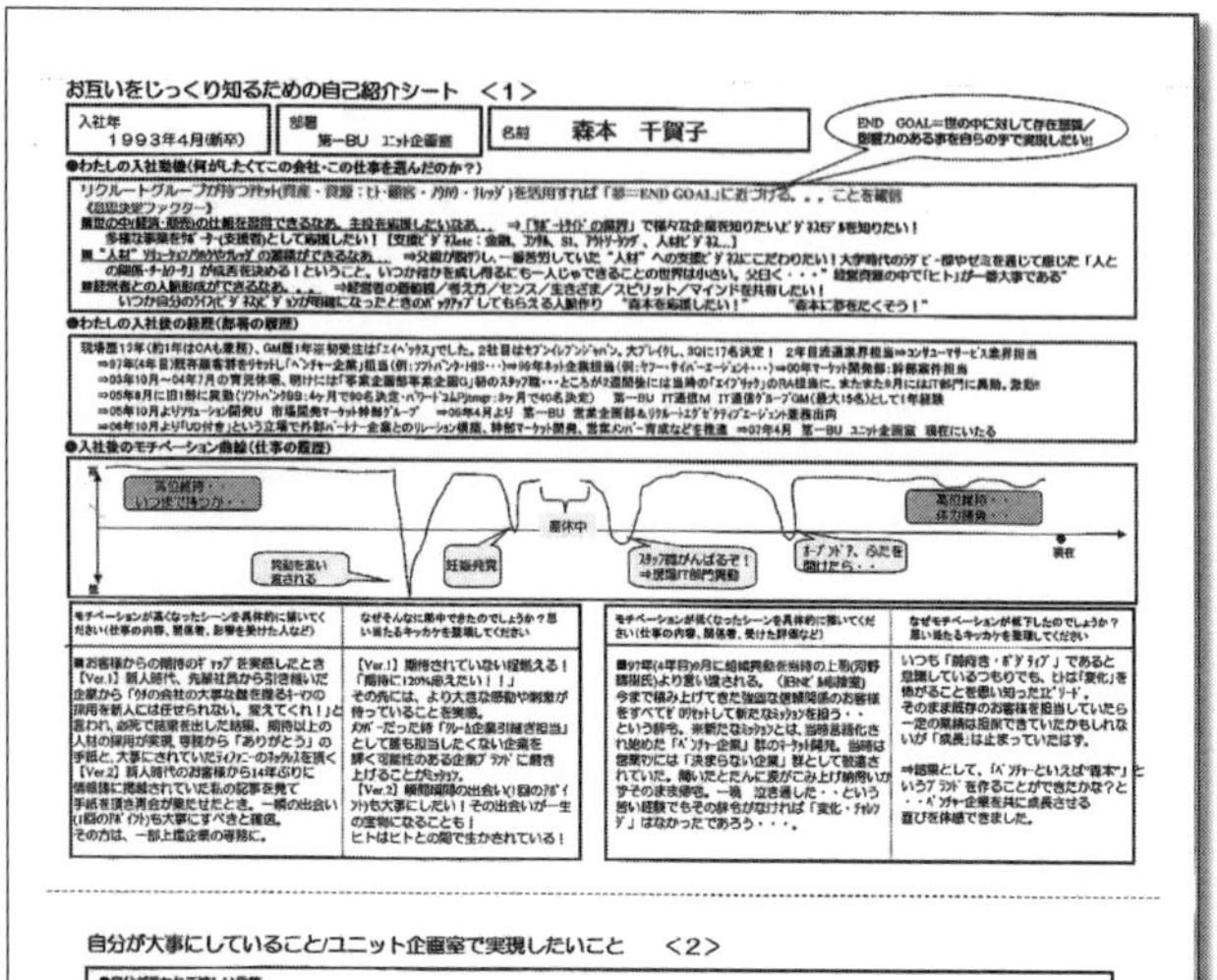

グループ会は、「数字の取りまとめ」で終わらせない

どの会社でも、当然ながらグループ／チームごとのミーティングが定期的に行われているかと思います。

私のグループでは、基本的に週1回ペースでグループ会を開いていました。

他のグループの会議では、各メンバーの売上などの数字の取りまとめ、今後の受注の読み、活動状況のチェック、抱えている問題についての相談といったことが中心的に行われていましたが、私がマネジメントするグループ会は少し異なっていました。

私のグループではチームを2つに分けていましたので、数字の取りまとめや、受注見込みの確認などは、各チームのリーダーに任せました。

そして、グループ会で時間を割いていたのは、もっと根本的な、仕事に対する意識や取り組み姿勢といったものを話し合うグループワークです。

まず、毎回必ず行っていたことは、その日のテーマに沿った私からのメッセージ、例えば「心に響いた言葉」「大切にしている考え方」などを伝えることです（※「心に響いた言葉」の一例は『本気スイッチ』をＯＮにしてくれる言葉として、第1・2・7章の最後でご紹介しています）。

マネージャーから「こうしなさい」「ああしなさい」と具体的に言われるよりも、俯瞰的な意味合いを持つメッセージを受け取り、メンバー本人が自分なりに考える方が、意識に残りやすいと思うのです。私自身がそうでしたから。

彼／彼女らに贈った言葉は、おそらく１００は超えていると思います。もちろん、すべてを消化する必要はなく、彼／彼女らにとってエネルギーになるような言葉を、１つでも２つでも見つけてくれればいいと考えています。

● POINT
グループ会は、「報告する場」「指導を仰ぐ場」だけでなく、「自分で考える場」として機能させましょう。

「個人の強み」を引き立たせ、メンバーに周知させる

グループ会においては、事前に何回か分のテーマを決めて、みんなで話し合いました。仕切り役は、毎回異なるメンバーに任せます。リーダー／中堅／新人、年次／立場にかかわらず、そのテーマを得意とするメンバーに担当してもらいました。

〈テーマの一例〉

- クライアントの新規開拓
- クライアントとのリレーション構築
- クレーム対応
- 業務の効率化
- 人脈づくり
- プライベートとの両立　など

前の項で、「一人ひとりの個性や強みを見出し、それを伸ばすお手伝いをする」というお話をしましたが、これもその一つの手段。グループの中で自分の強みが引き立てられ、メンバーから注目されることにより、より強く意識して「伸ばそう」という意欲が湧いてくるものだと思います。また、自分の強みがメンバー全員に認識されることにより、「自分の得意なことを活かして、グループに貢献したい」という意識も生まれます。

それが、日々の行動を変え、パフォーマンスの向上につながります。

さらに、グループ内で相乗効果も生まれます。メンバー同士がお互いの「得意」を認識できているので、営業活動で課題や悩みが生じたときなど、「これについては、彼/彼女が強い」と、すぐに力を借りることができるのです。一人で悩む時間がぐっと短縮され、早期課題解決につながるというわけです。

私は、産休から復帰して間もない時短勤務の時期で、子どもを保育園に迎えに行くため、18時には退社していました。メンバーは課題を抱えて営業から帰ってきても、相談相手となるマネージャーがいないという状態です。けれど、メンバーたちはお互いの強みを利用し合うことで、課題を乗り越えてくれたのです。

こうしてメンバー同士の信頼関係が深まり、グループ全体の士気が高まりました。そして、社内の約20グループ中トップの売上を達成し、「MVG（= Most Valuable Group）」という評価の獲得につながったのです。

● **POINT**

「他のメンバーに負けていない」という自信と自覚が「グループへの貢献」という意識を育てます。

部署の枠を取り払い、さまざまな人から学ばせる

営業活動で生じる問題の中には、メンバー同士で相談するレベルでは判断できないものもあります。そこで、私が会社を出た後で緊急度が高い問題が起きた際には、隣のグループのマネージャーに相談に乗ってもらうようにしていました。

これは、私の時短勤務による弊害をカバーできるだけでなく、プラスの効果も生んでいたと思います。直属の上司には言いづらいことが、他のグループの上司にならば、気軽に相談できることもあるからです。直属の上司が実親だとすれば、他部署の上司は、親戚のおじさん・おばさんといったところでしょうか。「親」よりも気軽に相談でき、親とは異なる視点でのアドバイスを得ることもできます。

転職エージェントには、入社3年に満たない若手ビジネスパーソンも多数、転職相談に訪れます。キャリアアドバイザーが転職したい理由をたずねると、「尊敬できる先輩や上司がいな

い」という答えが返ってくることも少なくありません。しかし、じっくり話を聞いてみると、「自分の所属部署内しか見ていない」というケースがほとんどです。社内を広く見渡してみれば、自分にプラスの刺激を与えてくれる人がいくらでも見つかるかもしれないのに、もったいないことですよね。

私自身は、新人時代から、他の部署の先輩にも自分からアプローチをして話を聞きに行ったりしたものですが、それによって多くの収穫がありました。自分のグループのメンバーにも、部署の枠にとらわれてほしくないと思っています。

さて、他部署のマネージャーに一方的に甘えるだけではいけないので、他のグループのメンバー育成にも協力を惜しみませんでした。営業同行を頼まれたり、相談を持ちかけられたときには快く応じました。それによって、私自身が新たな発見をして、それを自分のグループのメンバーにフィードバックできることもありました。

こうした「クロスマネジメント」は、組織を強くするために大切だと感じます。自分のグループのレベルを引き上げて「社内で勝つ」ことを目指すより、「社内すべてのメンバーを育成する」という意識で取り組むマネージャーが多い方が、会社はより強くなると思うのです。そういう文化を社内に作れるかどうかが、企業が長期的に成長を続けられるかどうかの分かれ目になるのではないでしょうか。

● POINT
他部署のメンバーや上司から、新たな刺激や視点を得る機会を積極的に設けましょう。

組織の「バリュー・チェーン」を意識させる

グループ会をより有意義なものにするために行っていたことの一つとして、「ゲストを招く」ことがあります。

営業職は通常、クライアント企業の方を向いていますので、社内でかかわるスタッフは意外と限られているものです。しかし、会社組織の一員として、いろいろなスタッフの支えがあって営業活動ができていることを意識してほしいと考えていました。それにより、自分は自社の「顔」であり、「代表」であるという責任感を持ってほしかったのです。

そこで、社内のさまざまな部署の人に声をかけ、グループ会に参加していただきました。経理、広報、システム部門などから、普段あまり接点のない社員を招いて意見交換や質疑応答の機会を設けたのです。

これは、ゲスト側からも喜ばれました。現場の声を聞くことで、課題や要望などを所属部署にフィードバックできるためです。実際、こちらのメンバーの意見が、システム刷新の際に反映されたこともありました。

メンバーは他部署の人とのつながりを持ち、それぞれの仕事内容を知ることで、「会社組織とはどのように成り立っているのか」「経営とは」という命題への興味を深めました。

その視点は、営業活動にも活かされます。私たちの仕事は、企業が抱える課題を踏まえ、それを解決できる人事戦略・人材採用をお手伝いすることです。クライアント企業に対し、その企業ならではのバリュー・チェーン（価値連鎖）に注目することで、課題をつかむ力、適切な提案をする力が高まると思います。これは、人材ビジネスに限らず、どんな商材・サービスを扱うにおいても、法人営業職にとっては大切な視点といえるのではないでしょうか。

なお、社内の他部署だけでなく、グループ会社からもゲストを招きました。それにより、「グループ会社と連携しての仕事が増える」という効果にもつながりました。

近年は異業種が手を組んでの「アライアンス＝提携」が、あちらこちらで見られますね。多くの業種で市場の頭打ち感、閉塞感が強くなっている今、これまでの守備範囲を超えて新たな価値を生み出す取り組みが広がっているのです。

それを実現させるためには、さまざまな人を「巻き込んでいく」力が大切。周囲の人々を巻き込んで協力を得るためには、やはりまず自分が「本気」になること、自分の「本気」を伝えていくことが先決だと思います。

● POINT

行動範囲を広げることで視野も広がり、「本気」になれるようなおもしろいことを発見しやすくなります。

HONKI SWITCH

ON

顧客・取引先の「本気スイッチ」を
ONにするために

第7章

ゆるぎない信頼関係を築こう

相手との距離を縮め、心を開いてもらうために……

担当するクライアント企業、あるいはパートナー企業と、強い信頼関係で結ばれる――皆さんは、そんな理想を実現できていますか？

私は、転職エージェント（採用コンサルタント）として、これまでに担当したクライアント企業が2200社以上に上ります。お客さまとのおつきあいの中で実感したのは、強い信頼関係を築き上げると、競合他社よりも優先的に発注を受けられるだけでなく、お客さまが私のために「努力」をしてくださるようになるということです。

私の仕事の場合、企業の採用活動のお手伝いをすると同時に、求職者の転職活動をサポートする立場でもあるわけですが、例えば企業に対し「この応募者は、事情があって急いで結論を出す必要がありますので、早急に選考してください！」とお願いをすると、すぐにでも対応していただけます。また、入社した方が十分に能力を発揮できるように、企業側に「現場の受け入れ態勢を整えてください」とお願いをすれば、人事担当者から該当部署にしっかりと伝達、啓蒙をしていただけています。

多くの営業パーソンを悩ませる「値引き交渉」を持ちかけられることもほとんどありません。

クライアント企業の内部で「採用コンサルティングフィー（手数料）をもっと安く抑えられないか」という話が持ち上がったとしても、担当の方が「森本さんをがっかりさせたくない。彼女のモチベーションを落とすようなことはできない」と社内で調整、交渉をしてくださっているようです。

「顧客に、今一つ心を開いてもらえていない…」

「今は良好な関係を保っているけれど、もしもうちよりも好条件の他社が現れたら、意外とあっさり乗り換えられてしまうかも……」

そんな不安が少しでもあるなら、相手との結びつきをより強くするための意識改革、アクションを試みてください。そのヒントにしていただけるよう、私の経験から、「相手が心を開いてくれた」「相手との距離が縮まった」と感じることができた瞬間を振り返り、どんな行動が功を奏したのかをお話ししたいと思います。

まずは相手に「興味」を持つことから。会社の原点、DNA、価値観を探る

あなたは、クライアント企業やパートナー企業に、心から「興味」「関心」を持っていますか？相手企業を、深く理解しようとしていますか？

これらは、営業パーソンとして当たり前のことに思えますが、意外となかなか意識できない人も多いように思います。私はマネージャーとして、メンバーの顧客先への営業同行も多数経験してきましたが、事前に「こういう会社なんです」と聞いていた情報と、訪問してじっくり話を聞いてわかった実態とが大きくかけ離れていることが度々ありました。

もちろん、彼／彼女らも相手企業に興味がないわけではなく、理解しようとする気持ちはあるのです。しかし、「目の前のニーズ」「取引の可能性」だけに意識を集中してしまっていて、「根本にある本質」に目を向けていないケースが多いのです。

ある企業の人事担当者から、こんなことを言われたことがあります。

「他の人材会社からもたくさん営業に来るんだけど、彼らが質問してくることといえば、『どんな経験・スキルを持つ人が必要ですか?』ということばかりなんだよね。でも、森本さんは全然違っていたよね。『どういう事業戦略を考えているのか?』から始まったときは、ちょっと驚きましたよ」

私は、相手のニーズや課題を聞き出す前に、まずは相手のことを「知りたい」というスタンスで向き合います。というか、私は好奇心が強い方なので、おのずと「知りたい!」という衝動にかられて質問をするのですが……。とにかく、相手の「現在」だけでなく、「過去」や「未来の展望」まで知っておかないと、気が済まないのです。

創業の背景。創業から現在に至るまでのプロセス。大切にしている価値観。現在の「3C＝Customer（市場・顧客）・Competitor（競合）、Company（自社）」、今後～将来の経営ビジョン――それらを理解できるまで、お話を伺うのです。

たとえば、一番最初に取引先から受注した時のことや最も苦境に立たされたことなど、クライアント企業にとってまさにターニングポイントになったことを知りたい、その企業の成長の軌跡を共有したい、という思いから身を乗り出して聞き入ります。相手がオーナー経営者や社長ではなく、役員、管理職、スタッフレベルの方であっても、その方が見て感じ取っている範囲で話していただきます。

このように、いろいろな角度から相手企業を知ると、「もしかしたら、こんな課題があるのでは？」という想像が働くようになります。それをさりげなく相手に振っていくと、「おっ、この人はわかってくれそうだな」と、相手の「本気スイッチ」が「ＯＮ」に切り替わる瞬間に出会います。「ちょっと待っててね」と席を外し、奥から事業計画書や組織図などを持ってきて、より掘り下げた話を打ち明けてくださるのです。そこで初めて、相手が抱える課題やニーズの「本質」をつかむことができ、それを解決するための提案につなげられるというわけです。

自社に興味を持ってもらえるのは、やはりうれしいもの。経営者であればなおさらでしょう。本気で「相手を知りたい」という気持ちでぶつかれば、相手も本気で応えてくれるものです。

POINT

目の前のニーズを拾うだけではなく、会社の原点、DNA、脈々と流れている価値観に注目を。

その会社の根本的な課題を解決に導く、という意識で向き合いましょう。

オフィス内を隅々まで観察！
その会社を理解する糸口が見つかる

新規でアポイントが取れた企業を訪問する際、事前に相手企業の情報を集めるのは、今ではとても容易になりました。企業ホームページで基本情報を押さえられるのはもちろん、社長や役員の名前をネット検索すれば、メディアで取り上げられたインタビュー記事、ブログ、フェイスブックなどを見つけることができます。その人の考え方や価値観の他、趣味や嗜好、どんな人とつきあいがあるのかなどのプライベート情報もわかり、自分との共通の話題を見つけておくこともできます。

しかし、すべての企業のホームページが情報満載で充実しているわけではありませんし、ネットで情報公開していない経営者も多数います。そんなときは、自分の目と耳で情報をキャッチする必要があります。

私は、その会社の最寄り駅に降り立った瞬間から、全方位にアンテナを張りめぐらしています。

「どうしてこの場所にオフィスを構えたのだろう？」と、街の雰囲気、周囲にどんな施設や会社があるか、同じビルに入っているのはどんな会社か、などを観察します。お会いしたときにそれをお聞きすると、歴史、地縁、創業時のこだわりなどがわかることがあるからです。

受付から応接室に案内されるまで、社内を歩く間にも、五感をフル回転させることで、その会社の空気感、社風などを感じ取ることができます。受付の女性の応対、オフィスのレイアウト、掲示物、調度品なども観察しておくと、面談の場での話のタネも見つかります。

ある会社を初めて訪問した際には、入口からオフィスを見渡すと、スタッフ全員のデスクがこちら側に向いていることに気づきました。店舗やショールームなど一般客が訪れる場所では珍しくありませんが、そこは経理・人事・総務などのスタッフが集まる管理部門のオフィスです。入口から入ってくるのはほとんどが自社社員なのですが、管理部門スタッフ全員が正面から出迎えるスタイルになっています。不思議に思った私は、面会相手である役員の方と名刺交換を終えるとすぐに、その質問を投げかけてみました。

「管理部門なのに全員が入口を向いているレイアウトって珍しいですね。どういう意図があるんですか?」
「あぁ、気づかれましたか。実は、昨年から全社で『CS(Customer Satisfaction。顧客満足)』の強化を図っているんです。当然、営業部門が中心になりますが、管理部門もその意識を持とう、と。自社社員をお客さまだととらえてCSの意識を高めよう、ということで、どんな具体策が考えられるか、社員から意見を募ったんです。そこで、あのレイアウトにするアイデアが出てきて、採用したんですよ」
「なるほど、そうだったんですね。他にはどんなアイデアが出てきたんですか?」

こうして、本題である採用の話に入る前に、その話題でひと盛り上がりしました。

このように、オフィスを観察して気づいたことが話のタネになって会話が弾めば、相手との距離を一気に縮めることができます。相手の方にしても、自社が力を入れて取り組んでいることと、工夫や努力をしていることに気づいてもらえたら、やはりうれしいものですよね。それは、信頼感にもつながると思います。

収穫はそれだけではありません。このエピソードから、その会社の「社員の声を聞き、尊重する」「営業現場と管理部門の間に乖離《かいり》がない」という風土もつかむことができました。

この他の例では、オフィス内にいろいろな国の民芸品が飾られている会社がありました。お聞きしてみると、「今は国内向けビジネスが中心だが、いずれは海外展開を考えているんです」とのこと。その会社は、生活に密着した分野で優れた特殊技術を持っており、すでに多くの海外各国から「活用したい」という声が上がっていたのです。「世界の人々の生活に貢献したい」というビジョンのもと、オフィス内も「世界」を感じられる空間に仕立てられていたのでした。

このように、オフィス内に特徴的なものが存在するケースは少なくないのですが、後輩や部下と同行した後などに「あそこに～が置いてあったね」と話を振ると、「えっ、そんなのありましたっけ？」という反応が返ってくることも多々あります。「これを説明しなきゃ」「この質問をしなきゃ」ということに気を取られ、周囲を見渡す余裕がないのでしょう。

しかし、本気でその会社の役に立とうと思うなら、視界を広げ、その会社全体を見つめることが大切だと思うのです。

● POINT

観察力、感性を研ぎ澄ませていれば、些細なことにも気づくことができます。話題のタネが見つかれば、それは相手との距離を縮めるチャンス。

何気ない雑談の中のキーワードから、その人の価値観を探る

前の項では、「自分の会社に興味を持ってもらえるとうれしい」というお話をしました。これは個人であっても同じ。自分に対して興味を持ってもらえたり、気にかけてもらえるとうれしいものだと思います。

私は、ビジネスにおいて、「会社と」というより「人と」つながることを大切にしたいと考えています。人対人としてのおつきあいをどのように深めていくか、日頃心がけていることをお話ししたいと思います。

クライアント企業の経営者や人事担当者にしても、求職者の方にしても、私はその人の「価値観」をつかむことを常に心がけています。その人の価値観――「大切にしているもの」を理解することで、企業と求職者のマッチングも、より精度高く実現できると考えています。

求職者の方に心を開いていただくのは、そう簡単なことではありませんが、ちょっとしたき

っかけを活かすことで、距離感をぐっと縮めることができます。

例えば、ある社長は大のサッカーファン。W杯をはじめ、重要なゲームが開催された翌日には、さっそくメールを送ります。

「今朝は寝不足ですよね」

「後半、決勝点の瞬間は興奮しましたね！」

相手にとっては興味のあるテーマですから、すぐにメールが返ってきます。相手の方と気分や感情を共有できるのは、単純にうれしい。しかも、親近感が生まれ、距離が縮まります。そんな機会を活かさない手はありません。実際、そうしたメールをやりとりして以降、先方からのメール文が親しみのこもったトーンになり、ちょっとしたことでもご相談をいただいたり、逆にこちらからのお願いごとに快く対応していただけるようになったことは何度もあります。

また、雑談の中で、「この本が好き」「最近、こんな映画を観た」と聞くと、すぐにその本を入手して読んだり、映画館に足を運んだりします。感想を伝えると、そこでひとしきり会話が盛り上がることもよくあります。

なお、雑談のテーマは「趣味」や「今、ハマっているもの」「最近、印象に残った出来事」といったものが多いのですが、「家族」についてもよくお話しします。私自身も、私の家族のことをオープンに話すので、相手の方も身構えることなくお話ししてくださいます。家庭環境は、その人の価値観に大きく影響を及ぼすので、やはり知っておきたいところです。

ある社長からは奥様のエピソードをお聞きし、「私と考え方が似ている気がします」とお伝えしたところ、奥様を交え3人で食事をする機会を設けていただきました。以来、奥様とはメル友に。社長がお忙しくてゆっくりお話を伺えないときも、奥様から「今、こんな状況みたい」という情報をいただいています。

もちろん、人の心を開くのに、万能なカギはありません。私がお会いする方々の中にも、警戒心を解こうとしない方はいらっしゃいます。けれど、どんな方であっても、本音では壁を作ることをよしとはしていないとの「性善説」で考えています。過去に、そうさせてしまう出来事を経験してしまっただけだと思うのです。

だから私は、少しでも笑顔を見せてもらえるような機会を作りたい。「森本さんと打ち合わせしている時間は楽しい」「森本さんと話したら元気になった」と思われるような時間を共有できるよう、心がけています。

取引先担当者が社内で高く評価されるようなサポートを

採用コンサルティング、人材紹介エージェントといったサービス業の場合、商品に明確な形があるわけではないだけに、その価値を取引先に感じてもらうことがなかなか難しい業種といえます。さらに、競合企業も多数存在する中では、「真っ先に森本さんに相談しよう」と思っていただくことが重要です。

そこで、顧客から頼まれていなくても、「この作業を私がすれば楽になるだろうな。便利だろうな」と思うことを先回りしてするようにしてきました。例えば、大量採用を行う企業を担当していた頃には、大人数の選考の進捗管理がスムーズになるよう、応募者一人ひとりについての進捗状況を毎日朝一番に、エクセルで一覧表にして採用担当者と共有するようにしていました。そのエクセル表は、のちにその企業の採用選考の共有ツールの原型になったと聞き、よりいっそう感謝されたものです。

また、採用活動方針や採用決定について社内稟議にかける必要がある場合など、そのまま上層部に提出できるような稟議書を作成し、お渡ししました。

人事部と、採用現場（人材を必要としている部門）の橋渡し役を務めたことも多々あります。人事担当者が現場のニーズを把握し切れない場合などは、私が現場に出向いて責任者にヒアリングすることで、現場の課題や求める人材像をより詳細につかむようにしました。あるいは、現場責任者の「高望み」が原因でなかなか採用に至らない場合などは、転職市場の相場や同業他社の事例をお伝えしつつ判断基準を「適正化」することで、採用目標の達成につなげました。

一つの会社内でも、部署や職務が異なると、社員同士の意思の疎通ができていないケースが多いようです。組織を横断して部署と部署、人と人をつなぐ役割を果たしてあげると、喜ばれることが多いように思います。こういったニーズは、人材サービス業に限らないのではないでしょうか。


私がこうしたサポートを行うことで、相手企業では、業務の効率化、スピードアップ、採用目標の達成、入社後のミスマッチの予防といった成果が得られ、担当者の「手柄」となる――それを意識して行動していました。担当の方からの「助かったよ」「ありがとう」が積み重なることで、信頼は築かれます。目標は、「困ったときに私を思い出してもらう」こと。それは、人事や採用のことでなくても構わないと思っています。

実際、「森本さんに聞けば何か答えをくれる」『森本さんに頼めば何とかしてくれる』と思ってくださっているお客さまは多く、いろいろなご相談をお受けします。「上司からこういう課題を検討するように言われたんだけど、何か情報持ってる？」「こんなサービスをしてくれる業者さんはいないかな？」「うちのサービスをリクルートさんに提案したいんだけど、担当部署につないでくれる？」――などなど。「ＷＩＮ‐ＷＩＮ」の取引・提携が期待できそうな企業同士を引き合わせ、双方のビジネスアライアンスに結びつけることもよくあります。「うちの娘の誕生日、何をプレゼントすればいいだろう？」と相談され、代わりに買いに行ったこともありました。

「余計な雑用が増えて面倒」と感じる方もいらっしゃるかもしれませんが、お客さまとの関係性を強めるには効果てきめんです。それに、人事・採用とは関係ない案件にも対応するうちに、新たな人脈が築かれたり、役に立つ情報を入手できることも多いのです。

● POINT

ちょっとしたニーズを想像し、先回りして解決する。
それを積み重ねるうちに、「困ったときに思い出す」存在になれます。

○「本気スイッチ」をONにしてくれる言葉 3

物事を成就させる力は何か？　その力の中にはむろん才能があろう。だが才能は必要な条件ではあっても十分な条件ではない。十分な条件とは、その能力に起動力・粘着力・浸透力・持続力などを与える力である。そのような緒力を私は「執念」と呼びたい。仕事には困難や失敗はつきものだ。そのような時に困難に敢然と挑戦し失敗に屈せず再起させるものが執念である。

土光敏夫（元経団連会長）

才能なんか誰にもない。すべては外部から入ってくる。才能というのはその人が小さいときから自分の孤独と傷を癒すために必死で自分を肯定しようとしてきた結果のこと。

小倉千加子（心理学者）

才能とは継続する情熱のことである

モーパッサン（フランスの作家）

生きるために働く必要が無くなったtき、人は人生の目的を真剣に考えなければならなくなる。

ケインズ（イギリスの経済学者）

すべての人生のことは「させられる」と思うからつらかったり惨めになるので、「してみよう」と思うと何でも道楽になる。

曽野綾子（作家）

「お前には無理だよ」という人のことを聞いてはいけない。もし自分で何かを成し遂げたかったら、できなかったときに他人のせいにしないで自分のせいにしなさい。多くの人が、僕にも「お前には無理だよ」と言った。彼らは君に成功してほしくないんだ。なぜなら、彼らは成功できなかったから。途中で諦めてしまったから。だから君にもその夢を諦めてほしいんだよ。不幸な人は不幸な人を友達にしたいんだよ。決して諦めてはだめだ。自分の周りをエネルギーであふれた、しっかりした考え方を持っている人で固めなさい。自分の周りをプラス思考の人で固めなさい。近くに誰かあこがれる人がいたらその人のアドバイスを求めなさい。君の人生を変えることができるのは君だけだ。君の夢が何であれ、それに向かってまっすぐに向かっていくんだ。君は幸せになるために生まれてきたんだから。

マジック・ジョンソン（元NBAプレイヤー）

およそ事業に必要なのは「する力」ではなく「やり遂げようとする決心」である。

ブルワー・リットン（イギリスの小説家・政治家）

私の最大の栄光は一度も失敗しないことではなく、倒れるごとに起き上がることである。

ゴールドスミス（イギリスの文学家）

仕事は探してやるものだ。自分が創りだすものだ。与えられた仕事だけをやるのは雑兵だ。

織田信長（戦国武将）

おわりに

本書を著すにあたり、新人時代からこれまでを振り返って改めて感じたことは、「人との出会い」の経験がいかに大切で、貴重な財産であるかということです。

未熟だった私を叱ってくださった社長、「仕事とは何か」を説いてくださった社長、根拠のない自信と信念を持ってぶつかっていった私に「任せる」と言ってくださった社長。未知の領域に飛び込み、成長するチャンスを与えてくれた上司、壁にぶつかって悩んでいる私に励ましのメッセージをくれた先輩。マネージャーとして指導・アドバイスをする対象だった部下からも、逆に大切な気づき、発見をもらいました。すべての出会いに、感謝の気持ちでいっぱいです。

また、社内他部署の方々、グループ企業や協力企業の方々、クライアント企業の秘書・受付の方々、私の講演会に参加してくださった方々、育児セミナーで出会ったママさん……などなど、ふつうは一過性になりがちなコミュニケーションも、一歩踏み込んで大切にしてみることで、大きな価値を持つものになることを実感しています。

私は、2012年7月、NHKの「プロフェッショナル～仕事の流儀」に出演させていただきました。この素敵な機会も、偶然の出会いの積み重ねが運んできてくれたものでした。

私は公私ともに、人とのつながりを広げ、深めていくことを心がけてきました。毎年送る年賀状は、ビジネスで1800枚、プライベートで300枚にもなります。

人との出会いは単なる偶然ではなく、必ず意味があるものだと、私は考えています。だから、一つひとつの出会いを大切にしたい。メールや電話だけで済む用件であっても、なるべく会って話をし、会議室で話すだけでは物足りないので、ランチやお茶にもお誘いします。表面的なおつきあいで終わらせたくないから、自分を常にオープンにして向き合っています。

すばらしい出会いは、自分の「本気スイッチ」をONにしてくれて、人生を楽しく、豊かなものにしてくれます。皆さんは、そんな出会いやコミュニケーションのチャンスを見過ごしてしまってはいませんか?

意欲が湧かず、前向きな気持ちになれないとき、人は他人との交流を避けてしまいがちです。けれど、気持ちが後ろ向きになっているときほど、刺激的な出会いを求めて、動いてみることをおすすめします。そして、一つひとつの出会いを活かし、「意味のあるもの」に変え、新しい自分、新しい道を発見していただきたいと思います。

最後に、私が毎年手帳に書き、ときどき読み返している言葉をご紹介しましょう。

意識が変われば行動が変わる
行動が変われば習慣が変わる
習慣が変われば人格が変わる
人格が変われば人生が変わる

この言葉に出会ったのは、入社10年目の頃です。ワーキングマザーとなり、スケジュール管理に悩んでいた時期でした。クレーム対応のためクライアント先へ向かうタクシーの中で、ラジオから流れてきたのです。それは、当時メジャーリーガーとして活躍していた松井秀喜選手が、高校の野球部時代、グラウンドに掲げられていたこの言葉を今も忘れていない、というエピソードでした。この言葉に強く感銘を受け、以来、私の中で大切な言葉の一つとなっています。

ほんの少しの意識転換が、人生を変えることにつながります。この本が、皆さんの意識転換のヒントとなり、行動を起こすきっかけとなること、そして、皆さんの人生にすばらしい出会いが訪れることを、心よりお祈りしています。

本書を作るにあたってはたくさんの方の力をお借りしました。

本書に愛情をたっぷり注いで編集にあたっていただいたＮａｎａブックスの渡邉春雄さん、荒尾宏治郎さん、そして私の同志として言葉を通じて想いの表現をご協力いただいた青木典子さんには本当にお世話になりました。

そしてとてもすばらしい装丁をともに創り上げていただいたデザイナーの宮田裕子さん、カメラマンのＨｉｒｏさん、ヘアメイクのオオタジュンコさん、スタイリストの湯川聡美さん、本気を見せていただきました。多くの方の本気を結集すればこんなにすばらしい作品ができることを改めて実感しました。

また取材でご協力をいただいた、人生の師匠でもある赤須修一郎さん、そして愛すべき元メンバーの皆さん、感謝の気持ちでいっぱいです。

今回のこの作品を作るプロセスは何より楽しく刺激的で、大きな収穫となりました。

また、私が私らしくいられるよういつもサポートし、大きな声援を送ってくれる私のパワーの源でもある愛すべき夫や息子たち、家族のみんなにこの場を借りて、こころからの「ありがとう」を贈ります。

そして、本書を通じて出会うことのできました皆様に厚くお礼を申し上げます。

いつかきっとお会いできることを楽しみにしております。

森本千賀子（もりもと・ちかこ）

1970年生まれ。株式会社リクルートエグゼクティブエージェント エグゼクティブコンサルタント。獨協大学外国語学部英語学科卒、1993年リクルート人材センター（現リクルートキャリア）に入社。リクルーティングアドバイザーとして、大手からベンチャーまで幅広い企業に対する人材戦略コンサルティング、採用支援サポート全般を手がけ、主に経営幹部・管理職クラスを求めるさまざまな企業ニーズに応じて人材コーディネートに携わる。約1万人超の転職希望者と接点を持ち、約2000人超の転職に携わる。設立以来の累計売上実績は社内トップ。入社1年目にして営業成績1位、全社MVPを受賞以来、常にトップを走り続けるスーパー営業ウーマン。受賞したトロフィーは段ボール箱2箱分はあるという。特に、ベンチャー企業、株式公開予備軍の顧客情報・顧客リレーションが強み。過去の膨大な決定事例から、企業の成長フェーズにあわせた課題解決には定評があり、多くの経営者のよき相談役として公私を通じて頼りにされている。2012年4月より株式会社リクルートエグゼクティブエージェントに転籍。プライベートでは、家族との時間を大事にする「妻」「母」の顔も持ち、「ビジネスパーソン」としての充実も含め“トライアングルハッピー”を目指す。「自分らしいワークライフバランス」を意識しつつも、仕事と家庭の両立を目指しながらエグゼクティブ層の採用支援、外部パートナー企業とのアライアンス推進などのミッションを遂行し、エグゼクティブコンサルタントとしての活動領域も広げている。現在、9歳と3歳、2男の母。
株式会社リクルートエグゼクティブエージェントHP
URL：http://www.recruit-ex.co.jp/

- 2012年7月にはNHK「プロフェッショナル～仕事の流儀～」に番組出演
- 『リクルートエージェントNO.1営業ウーマンが教える 社長が欲しい「人財」！』（大和書房）
- 『No.1営業ウーマンの「朝3時起き」でトリプルハッピーに生きる本』（幻冬舎）

本気になれば人生が変わる！
HONKI SWITCH ON
超一流転職エージェントが教える
人生「本気」スイッチの押し方

Nanaブックス
0121

2013年2月14日　初版第1刷発行

著　者――――森本千賀子
発行者――――林 利和
編集人――――渡邉春雄
発行所――――株式会社ナナ・コーポレート・コミュニケーション
〒160-0022
東京都新宿区新宿1-26-6　新宿加藤ビルディング5F
TEL　03-5312-7473
FAX　03-5312-7476
URL　http://www.nana-cc.com
Twitter　@NanaBooks
※Nanaブックスは（株）ナナ・コーポレート・コミュニケーションの出版ブランドです

印刷・製本――シナノ書籍印刷株式会社
用　紙――――株式会社鵬紙業

ISBN 978-4-904899-35-9 C0036